# 兵庫の城 353選

本岡 勇一

神戸新聞総合出版センター

# 目　次

## 東播磨

| | |
|---|---|
| 明石城 | 8 |
| 大蔵谷構居 | 9 |
| 船上城 | 9 |
| 蟹ヶ坂構 | 10 |
| 魚住城 | 10 |
| 古宮台場 | 11 |
| 野口城 | 11 |
| 長砂構居 | 12 |
| 古大内城 | 12 |
| 中津構居 | 13 |
| 加古川城 | 13 |
| 石弾城 | 14 |
| 安田構居 | 14 |
| 尾上構居 | 15 |
| 西条城 | 15 |
| 野村城 | 16 |
| 神吉城 | 16 |
| 井ノ口城 | 17 |
| 石守構居 | 17 |
| 神木構居 | 20 |
| 志方城 | 20 |
| 中道子山城 | 21 |
| 細工所陣屋 | 21 |
| 天神山城 | 22 |
| 高砂城 | 22 |
| 川口御番所 | 23 |
| 高砂向島台場 | 23 |
| 小松原城 | 24 |
| 荒井村構 | 24 |
| 北脇構居 | 25 |
| 魚崎構居 | 25 |
| 金鑵城 | 28 |
| 河合城 | 28 |
| 小堀城 | 29 |
| 堀井城 | 29 |
| 阿形城 | 30 |
| 来住城 | 30 |
| 敷地陣屋 | 31 |
| 豊地城 | 31 |
| 小田城 | 32 |
| 葉多城 | 32 |
| 池尻城 | 33 |
| 河合館 | 33 |
| 屋口城 | 34 |
| 平井山ノ上付城 | 34 |
| 三木城 | 35 |
| 這田村法界寺山ノ上付城 | 35 |
| 高木大塚城 | 36 |
| 石野氏館 | 36 |
| 高木大山付城 | 37 |
| 明石道峯構付城 | 37 |
| シクノ谷峯構付城 | 38 |
| 小林八幡神社付城 | 38 |
| 三木城鷹尾山城 | 40 |
| 三津田城 | 40 |
| 衣笠城 | 41 |
| 有安城 | 41 |
| 三木陣屋 | 44 |
| 細川館 | 44 |
| 殿原城 | 45 |
| 三草藩陣屋 | 45 |
| 光明寺城 | 46 |
| 三草山城 | 46 |
| 黒田城 | 47 |
| 矢筈山城 | 47 |
| 西脇城 | 48 |
| 野村構居 | 48 |
| 比延山城 | 49 |
| 大木城 | 49 |
| 蟲生城 | 50 |
| 門村構居 | 50 |
| 野間山城 | 51 |
| 光竜寺山城 | 51 |
| 段ノ城 | 52 |
| 段垣内構居 | 52 |
| 山下城 | 53 |
| 満久城 | 53 |
| 小谷城 | 54 |
| 牛居構居 | 54 |
| 内藤氏屋敷 | 55 |
| 善坊山城（善防山城） | 55 |
| 横倉城 | 56 |
| 淡河城 | 56 |
| 天正寺城 | 57 |
| 淡河城西付城 | 57 |
| 萩原城 | 58 |
| 福中城 | 58 |
| 枝吉城 | 59 |
| 下津橋城 | 59 |
| 端谷城 | 60 |
| 池谷城 | 60 |
| 舞子台場 | 61 |

## 西播磨

| | |
|---|---|
| 英賀城 | 64 |
| 置塩城 | 64 |
| 白鳥構 | 65 |
| 国分寺構 | 65 |
| 天神鼻台場 | 66 |

| | | | | | | | |
|---|---|---|---|---|---|---|---|
| 恒屋城 | 66 | 光明山城 | 89 | 仁位山城 | 107 |
| 安志藩陣屋 | 67 | 那波浦城 | 89 | 佐用城 | 108 |
| 林田藩陣屋 | 67 | 龍野城 | 90 | 三日月藩陣屋 | 108 |
| 国府山城 | 69 | 龍野古城 | 90 | 高山城 | 109 |
| 網干陣屋 | 69 | 新宮藩陣屋 | 91 | 上月城 | 109 |
| 上野構 | 70 | 香山城 | 91 | 目高の築地 | 112 |
| 南山田城 | 70 | 室津台場 | 92 | 高倉山城 | 112 |
| 御着城 | 71 | 伝台山城 | 92 | 平福陣屋 | 113 |
| 魚吹津構 | 71 | 室山城 | 93 | 天神山城 | 113 |
| 的形城 | 72 | 中山城 | 93 | 利神城 | 114 |
| 飾磨台場 | 72 | 大屋の土塁 | 94 | | |
| 白山城 | 73 | 城山城 | 94 | **摂　津** | |
| 中村構居 | 73 | 鵯ヶ堂城 | 95 | 栗山氏館 | 116 |
| 坂本城 | 75 | 坂越浦城 | 95 | 大覚寺城 | 116 |
| 紙屋敷 | 75 | 尼子山城 | 96 | 七松城 | 117 |
| 御船役所 | 76 | 茶臼山城 | 96 | 塚口城 | 117 |
| 樋山陣 | 76 | 坂越浦会所 | 97 | 大物城 | 118 |
| 苦瓜城 | 77 | 唐船台場 | 97 | 尼崎城 | 118 |
| 庄山城 | 77 | 有年山城 | 98 | 富松城 | 119 |
| 付城構居 | 78 | 蟻無山 | 98 | 今津砲台 | 119 |
| 山崎構居 | 78 | 赤穂城 | 99 | 越水城 | 120 |
| 福泊台場 | 79 | 加里屋古城 | 100 | 丸山城 | 120 |
| 番城山城 | 79 | 篠ノ丸城 | 100 | 平重盛之城 | 121 |
| 姫路城 | 80 | 宇野構 | 101 | 西宮砲台 | 121 |
| 福本藩陣屋 | 81 | 草置城 | 101 | 瓦林城 | 122 |
| 大山城 | 81 | 波賀城 | 102 | 奥山刻印群 | 122 |
| 鶴居城 | 82 | 聖山城 | 102 | 鷹尾城 | 124 |
| 瀬加山城 | 82 | 柏原城 | 103 | 打出陣屋 | 124 |
| 川辺城 | 83 | 山崎城／山崎陣屋 | 103 | 有岡城 | 125 |
| 谷城 | 83 | 五十波構 | 104 | 岸の砦 | 125 |
| 北岡構 | 86 | 須賀代官屋敷 | 104 | 小浜城 | 126 |
| 春日山城 | 86 | 長水城 | 105 | 尾島城 | 126 |
| 下土井城 | 87 | 石蜘蛛城 | 105 | 山下城 | 127 |
| 感状山城 | 87 | 楯岩城 | 106 | 多田銀銅山代官所 | 127 |
| 大島城 | 88 | 白旗城 | 106 | 風呂ケ谷城 | 128 |
| 若狭野陣屋 | 88 | 赤松居館 | 107 | 三田陣屋 | 128 |

| | | | | | | | |
|---|---|---|---|---|---|---|---|
| 下井沢城 | 130 | 豊岡陣屋 | 153 | 観音寺山砦 | 174 |
| 稲田城 | 130 | 正法寺城 | 153 | 村岡陣屋 | 174 |
| 溝口城 | 131 | 鶴城 | 154 | 福西城 | 175 |
| 貴志城 | 131 | 出石城 | 154 | 芦屋城 | 175 |
| 香下城 | 132 | 有子山城 | 155 | 清富陣屋 | 176 |
| 立石城 | 132 | 此隅山城 | 155 | 温泉城 | 176 |
| 大原城 | 133 | 安良城 | 157 | | |
| 内神城 | 133 | 中村城 | 157 | **丹　波** | |
| 木器城 | 136 | 瀬戸奥面台場 | 158 | 市原城 | 178 |
| 曲り城 | 136 | 倉見陣屋 | 158 | 荒木城 | 178 |
| 藍岡山城 | 137 | 三開山城 | 159 | 初田館 | 179 |
| 松岡城 | 137 | 楽々前城 | 159 | 真南条下館 | 179 |
| 生田陣所 | 138 | 水上代官所(陣屋) | 160 | 網掛城 | 180 |
| 花隈城 | 138 | 玉見城 | 160 | 八百里城 | 180 |
| 滝山城 | 139 | 大藪陣屋 | 161 | 西谷館 | 181 |
| 湊川崎砲台 | 139 | 野谷城 | 161 | 鉄砲山砦 | 181 |
| 平野城 | 140 | 朝倉城 | 162 | 堂山城 | 182 |
| 摩耶山城 | 140 | 殿屋敷 | 162 | 大山城 | 182 |
| 湊川陣所 | 141 | 八木城 | 163 | 大渕館 | 183 |
| 雪見御所 | 141 | 岡城 | 164 | 沢田城 | 183 |
| 兵庫城 | 142 | 諏訪城 | 164 | 金山城 | 184 |
| 兵庫勤番所 | 142 | 磯部氏館 | 165 | 淀山城 | 184 |
| 和田岬砲台 | 143 | 天満氏館 | 165 | 内場山城 | 185 |
| 丹生山城 | 143 | 生野代官所 | 166 | 八上城 | 185 |
| 宅原城 | 144 | 生野城 | 166 | 前田主膳屋敷 | 188 |
| 箕谷城 | 144 | 竹田城 | 167 | 般若寺城 | 188 |
| 茶臼山城 | 145 | 立脇城 | 168 | 天通寺城 | 189 |
| 松原城 | 145 | 芳賀野城 | 168 | 籾井城 | 189 |
| 鏑射山城 | 148 | 法道寺城 | 169 | 篠山城 | 190 |
| 湯山御殿 | 148 | 糸井陣屋 | 169 | 野間砦 | 191 |
| 落葉山城 | 149 | 高田向山城 | 170 | 岩尾城 | 191 |
| 五社城居館 | 149 | 筒江城 | 170 | 玉巻城 | 192 |
| | | 土田陣屋 | 171 | 高瀬氏屋敷 | 192 |
| **但　馬** | | 高生田城 | 171 | 和田代官所 | 193 |
| 伊賀谷城 | 152 | 茶すり山城 | 172 | 留堀城 | 193 |
| 豊岡城 | 152 | 殿城 | 172 | 鹿集城 | 195 |

| | | | | | | | |
|---|---|---|---|---|---|---|---|
| 野村城 | 195 | 養宜館 | 221 | 松帆台場 | 224 |
| 国領城 | 196 | 鶴島城 | 222 | 岩屋城 | 225 |
| 黒井城下館 | 196 | 湊城 | 222 | 備中館 | 225 |
| 黒井城 | 197 | 船越城 | 223 | 田村館 | 227 |
| 龍ヶ鼻砦 | 200 | 郡家城 | 223 | 墓浦城 | 227 |
| 長見城 | 200 | 正井城 | 224 | 柳沢城 | 228 |
| 千丈寺砦 | 201 |
| 愛宕山砦 | 201 |
| 岩戸神社城 | 202 |
| 惣山城 | 202 |
| 山垣城 | 203 |
| 柏原陣屋 | 203 |
| 八幡山城 | 204 |
| 茶臼山砦 | 204 |
| 母坪城 | 205 |
| 後谷城 | 205 |
| 高見城 | 206 |

## もっとDeepなお城巡りへ

- 加古川市の平城巡り　18
- 瀬戸内海を一望する　26
- 三木合戦の陣城巡り　42
- 市川町の山城巡り　84
- 上月合戦巡り　110
- 三田市の城　134
- 神戸市北区の城　146
- 丹波篠山の国衆の城　186
- 黒井城攻め巡り　198
- 淡路の海防拠点を巡る　212

### 淡 路

| | |
|---|---|
| 勝間城 | 208 |
| 白巣城 | 208 |
| 霞台場 | 209 |
| 洲本城（下の城） | 209 |
| 洲本城（上の城） | 210 |
| 六本松台場 | 214 |
| 由良城 | 214 |
| 高崎台場 | 215 |
| 炬口台場 | 216 |
| 炬口城 | 216 |
| 阿那賀城 | 218 |
| 郷殿城 | 218 |
| 賀集城の腰城 | 219 |
| 志知城 | 219 |
| 叶堂城 | 220 |
| 沼島城 | 220 |
| 上田土居城 | 221 |

**コラム**

- 陣城　39
- 兵庫県のお城の数　68
- 構居　74
- 石切丁場　123
- 陣屋（1）　129
- 山城における水の手　156
- 陣屋（2）　173
- 代官所　194
- 移築門　211
- 台場　217
- 国指定史跡　226

あとがき　230
索引（五十音順）　232
索引（市町別）　235

## 明石城　　明石市明石公園

### 歴史景観を持つ遊園地

　JR「明石」駅ホームから北を望むと、東西に長く延びた石垣の上に2基の三重櫓が青空によく映える。明石城のシンボルであり、一般的な明石城のイメージとイコールであろう。でも実はそうじゃない。明石公園内には各種運動施設、庭園、四季折々の自然、図書館もある。実に多種多様な目的で城を訪れる。明石城の楽しみ方はそのまま今の城の魅力ではないか。

　元和5（1619）年、徳川幕府2代将軍秀忠の命を受け、小笠原忠政（後の忠真）が築城した明石城。国内に12基しかない三重櫓が二つもある。また東西に延びる石垣は約380メートルと全国有数の規模である。現在はお城よりも公園として人気のある場所かもしれないが、かつては姫路城と共に西国大名に睨みを利かす役割を持つ重要な城であったのだ。

## 大蔵谷構居

明石市大蔵本町

check! 東播磨

### どう幕府軍を迎え撃ったのか

　山陽電車「人丸前」駅から南へ約300メートルの距離にある大蔵院。嘉吉元（1441）年、赤松満祐が将軍足利義教を殺害した嘉吉の乱において、明石近辺で満祐を追討する幕府方と赤松方との間で戦いが繰り広げられた。大蔵院が立つ場所は、赤松祐尚が構えた陣があったと伝わる。戦いは和坂や人丸塚などにも及んだというが、この平地の城でどう幕府軍を迎え撃ったのだろうか。

## 船上（ふなげ）城

明石市新明町

check!

### キリシタンの城下町

　天正13（1585）年、高山右近は明石川の河口西岸に城を築いた。東西に街道を通し、城下には賑わいがあった。現在、本丸跡はわずかな微高地となり、城の大部分は宅地となっている。しかし城内に巡らされた川や水路、折れや段差が残る道路が僅かに城の構造を残しているように見える。明石城の完成以後、ここには喧噪とは無縁な落ち着いた佇まいが続く。

## 蟹ヶ坂構

明石市和坂

### カニの伝承が残る坂

　国道2号と国道175号がぶつかる「和坂」交差点。以前は「かにがさか」と読んだ。平安時代に大カニが人を襲ったという伝承も残る場所だ。高台となっている当地に赤松範資が城を築き、嘉吉の乱（1441年）では播磨に戻ってきた赤松満祐方が陣を構えて、防御をしたという。城の遺構はないが、坂上寺一帯は今も東方の眺望がよく、交通の要衝である。

## 魚住城

明石市大久保町

### 三木城への兵糧補給基地

　播磨灘に注ぐ赤根川河口の西の高台に魚住城があった。天正6（1578）年、織田軍による三木城攻めの際に、城主魚住頼治が雑賀衆・毛利勢の水軍を迎え入れ、三木城への兵糧補給の基地として活躍したことが知られている。現在は住宅地にある公園の隅に案内板があるのみ。当時の城がどのような形状だったのかを感じ取ることはできないが、案内板だけでもありがたい。

## 古宮台場

播磨町古宮　check!　東播磨

### 播磨町にあったお台場

　山陽電車「西二見」駅から徒歩約15分の距離にある望海公園付近は、「オダイバ」と呼ばれていたそうだ。文久3（1863）年に姫路藩が築造した古宮台場に由来する。幕末期の外国船の脅威に対するため、3門の大砲が配備され、藩士が守っていたという。現在は海岸線の埋め立てにより当時の地形や痕跡は見つけられないが、幕末の臨戦態勢がここにあったのだ。

## 野口城

加古川市野口町　check!

### 何も残らない激戦地

　国道2号線「野口農協前」信号の北方一帯に、野口城が築かれていた。天正6（1578）年の羽柴秀吉の播磨攻めの際、別所長治の三木城方に与した野口城主長井長重は、周囲が低湿地となった地の利を活かし激しく攻め立てる敵にひるむことなく戦い、やがて散っていった。現在城跡を偲ぶ遺構はないが、三木合戦ではここが重要な拠点であったことは間違いない。

## 長砂構居

加古川市野口町

### 戦火に消えた土豪の館

　加古川市内には、古い文献に数多くの城跡が記載されているが、伝承の域を出ないものや詳細が不明なものがほとんど。また「構居」とつく城跡が多いのも特徴だ。長砂構居はその一つであり、中世土豪の居館があった場所である。城主として越生市右衛門、生地市助の名が伝わる。天正6（1578）年の三木合戦で消滅してしまった小さな城館跡が、ここにあったのだ。

## 古大内城

加古川市野口町

### 古代のリアル道の駅

　「古大内城」の文字が刻まれた大きな石柱が立つ。12世紀に赤松氏の祖・源秀房が築城したのが始まりとされる。しかし、この地は城が始まりではない。かつて古代の都と地方とを結ぶ官道には、宿泊や休憩などの機能を持つ「駅家」が一定の間隔で設置された。古大内城の場所には「賀古駅家」があったという。古代の陸路を支えた駅家。他の場所も探したくなる。

## 中津構居

加古川市加古川町

### 梶原冬庵の居城跡

　JR加古川線「日岡」駅の西方約760メートル、住宅街の入り組んだ道路を抜けた先に権現神社がある。梶原十右衛門（冬庵）の居城、中津構居の跡地だ。高砂を拠点とした水軍一族といわれる梶原氏。構居付近の川岸に舟を置いていたのだろうか。三木合戦の際には神吉城に入城、奮戦するも神吉城の落城後、自害したという。現在の神社境内が居館跡らしい雰囲気を感じさせる。

## 加古川城

加古川市加古川町

### 羽柴秀吉と別所長治の決別の地

　天正6（1578）年より始まった織田氏による三木城攻め。加古川城は糟屋（加須屋）氏の居城として羽柴秀吉が本陣として使い、三木城の別所長治らと軍議をした場所として知られている。現在、称名寺が建てられているこの地は、小字名では「城ノ開地」という。山門の前に立つと、なぜだか緊張感を覚える。播磨武者にとって、とても大事な決断の地である。

## 石弾城（いしはじき）

加古川市加古川町

### 神社の歴史にお城あり

　JR神戸線「加古川」駅から西へ約1.4キロの距離にある泊神社。伊勢神宮の御神鏡の一つが流れ着き、まつったのが発祥とされる歴史のある神社だ。やがて南北朝時代に大井氏によって石弾城が築かれ、室町時代には山名宗全の攻撃を受けて落城。江戸時代には宮本武蔵の養子、伊織が社殿を改築再建立した。今はそんな激動の歴史を感じない落ち着く境内だ。

## 安田構居

加古川市尾上町

### 標柱が伝える小さな城跡

　明姫幹線と別府川が交差する地点のすぐ北に、小さな公園と十五神社が立つ。南北約30メートル、東西約45メートルの方形を形成するこの地には、安田構居があったとされる。以前は四方を小さな川が囲んでおり、構居の堀を担っていたようだが、現在は南側にわずかに痕跡を残すのみ。詳しい歴史は不明で、城主は魚住左近大夫の名が伝わる。構居跡を示す小さな標柱の存在がうれしい。

## 尾上構居(おのえ)

加古川市尾上町

東播磨

### 三木合戦で消えた平城の跡

　山陽電車「尾上の松」駅から南東約540メートルの距離にある長田寺一帯に、かつて尾上構居があったという。想定範囲は東西約180メートル、南北約190メートルで、当時は微高地に築かれていたのだろう。北と東に流れる水路は、当時の堀跡ではないかとされる。城主は加古瀧十郎や尾上丹波守で、三木合戦の際に落城した。今は住宅が立ち並び、寺境内に案内板が示すのみだ。

## 西条城

加古川市八幡町

### 絶景の城山

　JR加古川線「神野」駅の東方に標高85メートルの独立丘陵がある。西条の城山(じょやま)と呼ばれ、かつて赤松円心の居館があったと伝わる。その後、建武3(1336)年に紫鳳山法雲禅寺(しほうざん)という寺院が、そして現在は愛宕神社が建てられている。城の遺構は確認が難しい状態だが、赤松円心も眺めたかもしれない山頂からの眺望は最高。癒やしの絶景スポットだ。

## 野村城  加古川市八幡町

### 三木包囲網最西端の城か

　野村の八幡神社から北へ約300メートルの山中に野村城が築かれていた。城主は宮部善祥坊継潤だという。天正6（1578）年の織田氏による三木城攻めの際に築かれた付城である。比高30メートルほどなので、西側から登ればすぐに城内に。そして土塁と空堀がきれいに残る複雑な構造であることに驚かされる。立地から考えて西方への監視役なのだろうか。いいお城だ。

## 神吉(かんき)城  加古川市東神吉町

### 神吉頼定の激闘を偲ぶ

　織田軍による三木城攻めは、播磨の多くの諸城が三木城と共に織田軍と激闘を繰り広げた。神吉頼定の籠る神吉城は、天正6（1578）年織田信長の嫡子信忠が率いる三万余騎の大軍勢を前にして、激闘の末落城。現在、城跡には常楽寺が建ち、境内には神吉頼定の墓所がある。宅地が密集するこの地にどのような壮絶な戦いがあったのか聞いてみたい。

## 井ノ口城

加古川市上荘町

東播磨

### 温泉や宿泊のできるお城

　加古川の西方に広がる丘陵地に井ノ口城が築かれていた。明徳2（1391）年に武功をあげた井口氏の城として伝えられており、下って天正6（1578）年の三木合戦では依藤氏の居城として、三木城と運命を共にしたという。現在も小高い段丘地形が残る跡地にはみとろ荘が建っており、宿泊できる貴重な城跡といえる。加古川の水運を見渡せる絶好の位置だ。

## 石守構居（いしもり）

加古川市神野町

### 小さな城館跡に立つ城址碑

　曇川が加古川に合流する地点から東へ約1キロ、水田が広がる中に小さな祠（ほこら）。石守構居（石守城）は、三木城主別所氏の家臣中村新五郎重房の城館と伝わる。天正8（1580）年の三木城落城後は羽柴秀吉に従い、因幡攻めで討ち死にしたという。降参した新参者は次の戦の最前線に立たされる運命なのか。立派な城址碑が、滅亡した播磨武者の存在を伝えてくれるよう。

# もっとDeepな
## お城巡りへ

# 加古川市の平城巡り

　播磨平野の東部に位置する加古川市には、加古川が流れ、東岸部は平坦な地形が広がっています。江戸時代の地誌「播磨鑑」を書いた平野庸脩が、印南郡平野村（加古川市内）の出身だったことに関係するのでしょうか、市内の特に市街地に驚くほど多くの城跡があったことが伝わっています。城跡といっても、小規模で遺構もほとんどなく地元土豪や国人の居館跡がほとんど。さらに歴史が不明なものも少なくありません。

　しかし、現地には石碑や案内板が設置されており、気軽に石碑・標柱巡りをすることができるだけでもありがたいです。

① 井ノ口城：南側から見上げると、納得の地形の高低差（P17）
② 野口城：かつては湿地帯が広がりとても攻めにくい場所（P11）
③ 神吉城：3万もの敵が囲む市内随一の激戦地（P16）
④ 加古川城：賤ヶ岳7本槍の一人、糟屋（加須屋）武則を輩出した城（P13）
⑤ 志方城：黒田官兵衛の奥さんの実家（P20）
⑥ 古大内城：大きすぎる城址碑に圧倒されまくり！（P12）
⑦ 細工所陣屋：陣屋名が書かれた標柱が見つけ難い（P21）
⑧ 長砂構居：立派な案内板と標柱にただただ感謝！（P12）
⑨ 野村城：季節によってはヤブで見づらいがお勧め（P16）
⑩ 西条城：加古川やJR加古川線を見下ろす絶景（P15）
⑪ 石守構居：ちょっと離れた場所から見て感じる屋敷跡（P17）
⑫ 石弾城：宮本武蔵の養子、伊織が社殿を改築した神社（P14）
⑬ 神木構居：案内板で知る「ここじゃないのか！」（P20）
⑭ 尾上構居：かつての堀跡らしい川や水路で想像しよう（P15）
⑮ 安田構居：お城の堀が川として残っているのが嬉しい（P14）
⑯ 中津構居：加古川沿岸に水軍で知られる梶原氏の居城（P13）
⑰ 横倉城：一直線に伸びた土塁の存在感がすごい（P56）

## 神木構居

加古川市平荘町

### 台地先端部に伝わる城の名

　県道65号「平荘町」信号を北へ約550メートル、東側台地上に神木構居の案内板がある。読めば、ここから南に100メートル下った地点が城跡だという。嘉吉元（1441）年ごろに赤松満祐の家臣竹中弥五郎が、その後は志方城主櫛橋氏の家臣高橋平左衛門が城主だったと伝わる。周辺の諸城同様、三木城と運命を共にした。別所方について滅亡した播磨武者の証しが、ここにもある。

## 志方城

加古川市志方町

### 黒田官兵衛の妻の実家

　赤松氏の家臣櫛橋氏が築いた城で、現在は本丸跡に観音寺が立つ。北に隣接する志方小学校が二の丸跡である。城跡を東側から遠目に見れば、高台になっているのが分かる。周囲は水堀、空堀でぐるりと取り囲む構造だったという。三木合戦の際、この城でどこまで織田軍と戦えたのだろうかと考える。城主櫛橋氏は黒田官兵衛の妻の実家。城内に一族の墓がある。

## ◀ 中道子山城 ▶　　加古川市志方町　　check! 　東播磨

### 石垣の城から土の城へ？

　この城は、元々中道寺という古代山岳寺院を拠点として利用したのが始まりだ。本格的な城としての改修は応仁の乱後で孝橋氏によるという。標高272メートルの山上には大きな郭(くるわ)が土塁で囲われており、西には深い堀切が二重構造になっている土の城である。しかし、発掘により土塁の中に埋没した石垣が見つかっている。今後の新発見が待ち遠しい城だ。

## ◀ 細工所陣屋 ▶　　加古川市志方町　　check!

### 御三卿ゆかりの領地

　8代将軍吉宗は、家康による御三家創出の例にならい、田安徳川家・一橋徳川家・清水徳川家の三家を新たに徳川氏から分立させ、御三卿を興した。大名家とは違い、領地は日本各地に分散し、独自の代官所によって領地を支配した。加古川市北部は一橋徳川家の領地となり、現在の細工所公民館付近に陣屋があった。徳川家斉や慶喜のゆかりの地だと思うと感動を覚える。

| ◀ 天神山城 ▶ | 加古川市志方町西飯坂 | check! ☐ |

## 平城へ移る前の山城跡

　志方城跡に立つ観音寺から北へ約1キロの距離にある標高127メートルの愛宕山（天神山）。山頂に赤松円心の四男氏範が築城したという城があった。南朝方である氏範は兄則祐や、おい光範らに攻められ自刃。その後、城は櫛橋氏に与えられた。現在も城跡としての痕跡をよく残しており、堀切や土塁が見られる。やがて平城の志方城へと居城が移され、山城は廃されたと見られる。

| ◀ 高砂城 ▶ | 高砂市高砂町 | check! ☐ |

## 何度も城が建つ重要な港拠点

　加古川の河口、高砂神社のある辺りにあったとされる。その立地から天正6（1578）年に始まる三木城攻めにおいては、毛利軍が船で持ち込んだ兵糧を荷揚げする重要な拠点であったという。その後、姫路藩の支城の一つとして築城されるも、一国一城令で廃城。今や城の痕跡を探すのは難しいが、江戸時代の町割りと舟運で栄えた名残を感じられるのが面白い。

## 川口御番所

高砂市南浜町　check! 東播磨

### 港の通行を守る番所

　姫路藩では飾磨・室津と共に、年貢米の積み出しを行う重要な港として、高砂に川口御番所を設置していた。昼夜を問わず、通行する船の監視と船荷物や乗人の検問を実施するという徹底ぶりだったという。番所には石塁を築いて大砲や鉄砲を常備するなど、まさに港を守る城だ。市場経済が混乱することがないよう、厳重に警備していた施設があったことは知っておきたい。

## 高砂向島台場

高砂市高砂町　check!

### 高砂湾を防備する砲台跡

　県立高砂海浜公園の南端近くに長円形の平場がある。ここに文久3（1863）年、姫路藩によって台場が築かれた。3門の大砲を配備、焔硝蔵(えんしょう)も設置された。当時の高砂湾は海運の一大拠点で、姫路藩下では有数の港町。重要な台場であったろう。近年の港湾整備により改変されたが、一部は竜山石の石材が再利用されているという。転落しないように探したい。

## 小松原城

高砂市荒井町

### 巨大な環濠を持つ中世城郭

　県道高砂北条線と山陽新幹線が交差する「小松原3丁目」信号の南方、三社大神社が立つ辺りに小松原城があったとされる。同神社の境内には立派な城跡の碑と復元想定図があり、大変わかりやすい。鎌倉中期に小松原盛忠によって築城されたこの城は、周囲に環濠が巡らされた場所であったようだ。想定図にあるお寺を巡りながら、複雑な迷路のような路地を散策したい。

## 荒井村構

高砂市荒井町

### 中世高砂の強者の跡

　荒井村構は杉岡蔵人によって築城された。詳細は不明だが、嘉吉の乱（1441年）では赤松満祐に従い、小松原城主らと共に幕府軍と戦ったようだ。やがて梶原氏が台頭していく中で、城は梶原一族のものとなったかもしれない。荒井神社の御旅所として、小さな八幡宮が立つ辺りが城跡とされる。かつて中世高砂城の城主でもあった杉岡氏、もっと注目されてもいい。

## 北脇構居

高砂市北浜町

東播磨

### 案内板が伝える城と歴史

　山陽電車「大塩」駅を降り、北へ約900メートル歩くと北脇構居跡と伝わる西法寺に着く。城跡の遺構はないが、境内には真新しい城の案内板が設置されていた。それによると、南北朝期に赤松則祐に従って武功をあげ、大塩荘を拝領した大塩藤原茂景が城主であるという。案内板によって、地元でもあまり知られていなかった歴史が伝えられるようになったのは素晴らしい。

---

## 魚崎（いほざき）構居

高砂市竜山、米田町

### 竜山石と景色を楽しむ城

　「石の宝殿」で知られる生石（おうしこ）神社の南方、竜山石採石場のある山塊の南峰に城が築かれた。嘉吉元（1441）年には和木田兵庫介綱忠が城主であったが、その後、志方城主の櫛橋氏配下である位田（依田）長兵衛の名が伝わる。標高92メートルの山頂で遺構を探すことは難しいが、発掘調査で礎石建物の遺構が見つかっている。周囲を一望できる立地が納得の場所だ。

# もっとDeepな
## お城巡りへ

## 瀬戸内海を一望する

　城跡の主郭、本丸を目指して登城した先で一番の楽しみはなんだろうかと考えてみます。当時のお城の雰囲気が体感できる遺構が見られるのは言うまでもありませんが、それ以外で言えば眼下に広がる眺望ではないでしょうか。汗をふきながら頑張って登った上から見下ろせる景色が素晴らしいと、それだけで疲れが吹き飛ぶというもの。

　ここでは、特に瀬戸内海への眺望に限定して、おすすめのお城をご紹介します。

　海沿いにあるお城は当たり前のように海が見えるものですが、周囲の環境や、高低差などの立地条件によって全く印象が違ってきます。

　そんな中で、瀬戸内海を一望できるお勧めのお城をいくつかご紹介しましょう。

　海を監視する目的で築かれたであろう山城もあれば、単純に現在美しい眺望が広がっているというものもあります。

❶ 白巣城：山の上にあるのが納得の眺望（P208）
❷ 高砂向島台場：海に張り出したロケーションが魅力（P23）
❸ 魚崎構居：工場群と海のコラボが感動！（P25）
❹ 尼子山城：播磨灘へ繋がる千種川の屈曲が美しい（P96）
❺ 茶臼山城：坂越湾に浮かぶ生島が神々しい（P96）

| ◀ 金鑼城（かなつるべ） ▶ | 小野市昭和町 | check! ☐ |

## 中世の城と眺望を体感

　金鑼城が築かれていた青野ヶ原台地の東端部は古くは弥生時代から活用されていた。室町時代には赤松氏家臣、中村氏が築城。城内に深い井戸を掘り、水を「かねのつるべ」で汲み上げたことから城名となったという。木橋、建物跡、物見櫓などの再現が城の雰囲気を伝えてくれる。ここから見える小野市域の大眺望はさすが城跡だと実感する。

---

| ◀ 河合城 ▶ | 小野市新部町 | check! ☐ |

## 田圃に消えた赤松の大城郭

　別名「堀殿城」と呼ばれ、播磨守護であった赤松氏の東播磨地域の拠点として河合城は築城された。東西約400メートル、南北約300メートルの規模を誇る大城郭である。周囲に水路や川が巡らされ、中央に土塁囲みの主郭、東西にそれぞれ郭を設けた構造は現地の案内版で知ることができる。しかし現状は圃場整備等で消滅している。あとは訪問者の想像にお任せしたい。

## 小堀城

小野市河合中町

check! 東播磨

### 田圃の中に土塁発見

　田園風景が広がる中でひと際目立つ土塁。すぐに城跡だとわかる高さ2メートルほどの土塁が南北に延びている。赤松氏に属した三枝氏の居館として築かれた小堀城。宅地や田場整備で改変されてはいるが、かつては四つの郭が連なるかなり立派なお城だったようだ。よく見れば東側にも土塁の痕跡が残る。付近にある河合城、堀井城と合わせてゆっくり散策できる平城だ。

## 堀井城

小野市河合西町

check!

### 令和に出来た城跡公園

　令和2（2020）年に誕生した堀井城跡ふれあい公園。その名の通り堀井城があった場所である。駐車場完備で夏場でも中世の平地城館をじっくり観察できる。周囲に空堀が巡らされ、高い土塁で囲まれた単郭構造のこの城は、以前は藪が酷すぎてまったく踏み込めない状態が長く続いていた。しかし今やグラウンドゴルフができるお城である。このギャップは県下随一だろう。

## 阿形城 （あがた） 　小野市阿形町

### 「陣山」と伝わる城跡

　加古川と万願寺川が合流する西側に、うっそうとした小高い丘陵地がある。南側から道路を上がった先にある「陣山」案内板にほっとする。ここはかつて油井土佐守勝利の阿形城があったとされる場所である。築城時期は不明だが、天正6（1578）年の三木合戦では別所方として戦い、散っていったという。今や城跡は農地となっているが、かなり大きな城だったのだろう。

---

## 来住城 （きし） 　小野市来住町

### わかりやすい城跡

　来住町を南北に走る道路の脇に、いかにも城跡らしい場所がある。道路から3メートルほどの高台は畑となっているが、敷地内に立つ物置らしき建物には「来住城跡」の看板。どうやら地権者の方が城跡であることを示されているようだ。見どころは北西側から見た地形の段差と、水堀跡とされるくぼみ。天正8（1580）年に廃された城が、現在も面影を保っていることに感謝。

## 敷地陣屋

小野市敷地町 check! 東播磨

### 小野藩始まりの地

加古川左岸の段丘上にある「敷地町」は、古くから屋敷が建つ場所だったということに由来する。寛永20 (1643) 年、一万石を領する一柳直次が陣屋を構えた。現在の大部小学校の南方に石碑が立ち、その跡を示す。やがて承応2 (1653) 年に小野小学校周辺に陣屋が移され、後の小野陣屋町が発展していくことになる。敷地町は小野藩始まりの地なのだ。

## 豊地城（どいち）

小野市中谷町

### 高い土塁が城跡を伝える

小野市の北東部、東条川南方に東西約400メートル、南北約200メートルにわたる豊地城があった。ほ場整備によってかつての姿は想像しづらいが、発掘調査で多くの発見があった城である。城主は赤松氏に属した依藤氏で、後に別所重棟の持城となり、三木合戦後は秀吉によって城割りが行われた。現在城跡は区画整理されているが、中心部にある土塁が強烈な存在感を残している。

## 小田城　　小野市船木町

### 小高い丘に戦う城跡

　東条川の南岸に面した丘陵上にある小田城。東条谷一帯に勢力を持つ依藤氏の居城と伝わる。うっそうとした小高い丘だが、発掘調査によって堅固な城郭の様相が明らかとなった。西側からの登城道は二つの櫓台（やぐら）で防備し、随所に石積みが使われている。掘立柱の門跡もあり、戦う城の姿を現した。そう思うと、現在の屈曲した東条川や複雑な丘陵地形は絶好の拠点だ。

## 葉多城　　小野市葉多町

### 櫓台がよく残る城

　神戸電鉄粟生線「葉多」駅の北方約430メートルの城山グラウンド。その名の通り城跡だ。加古川東岸である河岸段丘の高低差を城に利用していたことが分かる。詳細な歴史は不明だが、櫛橋氏の一族が城主であったという。現状はグラウンドの整地などで多くが破壊されているものの、東側には土塁や堀が見られる。さらに稲荷神社が立つ高台には城の櫓台が残る。

| 池尻城 | 小野市池尻町 | check! | 東播磨 |

## 小規模だが遺構がよく残る丘城

　神戸電鉄粟生線「市場」駅の北方約450メートル、北西に延びる丘陵上に池尻城があった。城主は不明だが、三木城主別所長治方の勢力が居城する城であったとされ、三木合戦（1578〜80年）の際に織田方に攻め滅ぼされたと伝わる。比高約20メートルの緩斜面を登ると三つの曲輪（くるわ）が連なり、周囲に空堀や堀切がよく残る。落城時を想像したくなる小さな城だ。

| 河合館 | 小野市粟生町 | check! |

## 密かに土塁が残る城跡

　JR加古川線「粟生」駅から北方約860メートル、県道三木宍粟線のすぐ北側に中世の城館跡が残る。河合館の城主や歴史は不明で、東西40メートル、南北43メートルの跡地は田んぼとなっている。北面と東面に土塁が残り、よくよく見れば城跡の雰囲気を感じることができる。この地に生える竹を旗ざおとすることで慶事となる伝承があり、三木合戦の際に羽柴秀吉も使用したという。

## 屋口城

小野市中谷町

check! □

### 豊地城を南方から望む城

　小野市の北東部、南北に延びた丘陵の北端部に屋口城があった。緩やかな傾斜と階段を登ること約5分で頂上に着く。城内には四つの曲輪(くるわ)が築かれ、周囲を土塁が巡っている。城主は別所重棟、あるいはその家臣吉田伊賀守だという。北東約600メートル先の平野部にある豊地城の支城として築かれたのだろうか。主郭に貯水槽があるものの、かなり良好な状態で遺構が残る。

---

## 平井山ノ上付城

三木市平井

check! □

### 秀吉が見た三木城の景色

　天正6 (1578) 年より始まった織田氏による三木城攻め。三木城を南西方向に約2キロメートルの距離にある平井山に秀吉が本陣を構えた。織田方の陣城の中では最大規模を誇るこの付城は、小さな曲輪が段々に無数に作られており多くの兵を駐屯させていたのだろうか。津田宗及と茶会を開いたと伝わるここで、お茶でも飲みながら秀吉が見た三木城の景色を拝んでみたい。

## 三木城

三木市上の丸町

### 兵糧攻めを耐えた播磨の名城

　三木城の歴史は、15世紀末頃に別所則治の築城によって始まったとされる。
　天正6（1578）年織田軍が三木城攻略のため、数十もの陣城と長大な土塁で大包囲網を構築した「三木の干殺し」が有名であろう。残念ながら現在城域の多くは痕跡を残していない。しかし美嚢川越しに西から城を見上げると、むき出しになったような急崖が今も戦う姿を想像させてくれる。

## 這田村法界寺山ノ上付城

三木市別所町

### 三木城への物資は絶対通さない

　「三木の干殺し」で知られる三木合戦の際に織田軍が築いた陣城の一つ。三木城から西南西の方角に約2キロで、その名の通り法界寺の裏山にある。城主は宮部継潤という。階段状の平坦地を登ると土塁で囲まれた郭が二つ、見事に残っている。そして城の南方に歩みを進めると多重構造の土塁が延々と続いている。まさに合戦の生々しい痕跡である。

## 高木大塚城

三木市別所町

### 美しい土塁の構造美

　織田軍によって三木城攻めが始まった天正6（1578）年。この時、城を取り囲むように数十の陣城が築かれ、大包囲網が形成された。高木大塚城もその一つ。翌年4月に織田信忠軍が築いたものであろう。城主は不明。古墳を利用した櫓台を十字状に土塁が囲み、美しい稜線を見せている。住宅街の中に今もなお、鉄壁の包囲網の痕跡が残る。

---

## 石野氏館

三木市別所町

### 立派すぎる土塁が残る

　三木市西端に程近い石野集落の北方、県道加古川三田線沿いに、いかにも城跡らしき土塁の高まりがある。約50メートル四方で、北側には高さ2メートルほどの櫓台状の形状を含む土塁が形成されている。石野氏が館を構えていた場所である。現在は神社が建てられており破壊も見られるが、県道側から感じた第一印象はまさに城跡そのもの。しばし立ち止まって、見学してほしい。

## ◀ 高木大山付城 ▶　三木市別所町　check! 　東播磨

### 小さくても大包囲網の一端

　三木ホースランドパーク正門手前を北へ、50メートルほど進んだ先にある高木大山付城。天正6（1578）年に始まった織田家による三木城攻め「三木の干殺し」の際に築かれた陣城の一つである。同7（1579）年4月に織田信忠軍が築いたものであろう。城主は不明。近年の土取りで破壊されたが、小規模な曲輪（くるわ）がよく残っている。

## ◀ 明石道峯構付城 ▶　三木市福井　check!

### 南方の交通監視塔

　織田家の三木城攻めでは長大な土塁や多くの陣城が築造され、「三木の干殺し」と呼ばれる大包囲網が形成された。この付城は天正7（1579）年、織田信忠軍が築いた陣城の一つとされる。現在はターゲット・バードゴルフコースが周囲につくられているが、小高い丘陵上には堀、土塁が良好に残る。櫓台（やぐら）の位置から見て、南や西を監視する機能を持っていたのだろうか。

## ◀ シクノ谷峯構付城 ▶　　三木市福井、別所町　　check! ☐

### 三木城攻めを実感

　シクノ谷峯構付城は、天正6（1578）年から始まった三木城攻めの際に織田方が構築した陣城の一つで、三木城の南方約2キロにある段丘の端に立つ。現在も土塁に囲まれた曲輪(くるわ)と櫓台(やぐら)を見ることができ、高木大山付城から南へ連なる土塁の延長線にある。市内には今も多くの付城跡が良好な状態で残り、戦の規模の大きさに驚嘆する。

---

## ◀ 小林八幡神社付城 ▶　　三木市別所町　　check! ☐

### 神社境内に残る陣城跡

　三木城の南方約2.3キロの距離にある小林八幡神社付城は、天正7（1579）年に織田信忠軍が築いた陣城の一つとされる。その名の通り、現在は小林八幡神社が立つ。残念ながら市道建設により大きく破壊されたが、神社東部には二重に土塁が巡らされており、散策しやすい。東西に延びた台地の北端に築城されたこの城跡に立つと、改めて徹底した包囲網を実感できる。

## column

# 【陣　城】

　陣城とは、戦に備えて急ごしらえで築かれた臨時の城だ。
　ここでは、お城を攻める側が築いたもの（付城）、外敵からの攻撃に備えて城を築く（向城）のいずれも陣城として扱っている。臨時に築かれた城だから、凝った構造でなく現在もあまり遺構が残っていないのではないかと思われる方も多いだろう。確かにその考えは否定しないが、必ずしもそうではないものもある。天正6（1578）年の織田軍による三木城攻めにおける陣城は、現在も大変良好な遺構を見ることができる。
　また、陣城は築城時期が特定できるため、当時の状況が比較的容易に想像できるのがいい。どういった立地条件に城を築いたのか、どう攻めたのか、どう戦おうとしたのか。
　陣城は、当時の戦を現代の我々に伝えてくれる語り部なのかもしれない。

高木大山付城

▶掲載している城◀

平井山ノ上付城、這田村法界寺山ノ上付城、高木大塚城、湊川陣所、鉄砲山砦、八幡山城、目高の築地、高木大山付城、明石道峯構付城、蟹ヶ坂構、愛宕山砦、岩戸神社城、茶臼山砦　惣山城、小林八幡神社付城、高倉山城、光明寺城、大蔵谷構居、淡河城西付城、樋山陣、シクノ谷峯構付城、仁位山城

| ◀ 三木城鷹尾山城 ▶ | 三木市福井 | check! ☐ |

## 三木城への降伏勧告の地

　三木市役所の西に立つ三木勤労者体育センターの裏側に、城の案内板が設置されている。三木城の支城の一つ、鷹尾山城である。本丸からは約300メートルの距離にある。三木合戦の際には別所長治の弟友之が守っていた。現在も屈曲した土塁や空堀がよく残り、身近に山城遺構を楽しめる。天正8（1580）年に陥落後は秀吉が入り、ここから三木城に降伏勧告をしたという。

---

| ◀ 三津田城 ▶ | 三木市志染町 | check! ☐ |

## 城内散策が楽しい城

　淡河川と志染川が合流する地点から南東へ約1キロ、満願寺の裏山に三津田城がある。二つの街道を見下ろせる格好の場所だ。築城時期や城主については明確な情報がないが、三木合戦時には有馬重則・則頼父子が城主であったという。城は尾根上にまっすぐ造られており、巡りやすい。また岩盤脇や谷底を通る道もあり、迷路のようで散策が楽しくなる不思議な魅力がある。

## 衣笠城

三木市口吉川町

東播磨

### 竹藪の台地に残る中世城郭

　口吉川町の田畑が広がる中を蛇行して流れる美嚢川。川の南から突き出すように延びる舌状台地に城があった。現在は竹やぶだが、東西約40メートル、南北約60メートルの長方形の規模で、土塁や堀切、虎口（こぐち）が残り、中世城郭の様相が色濃い。城主は衣笠氏とされ、三木合戦（1578〜80年）で落城したという。今なお周囲を寄せ付けない堅固な構えを見せる城跡だ。

---

## 有安城

三木市吉川町

### 織田軍の臨時の城か

　美嚢川と北谷川が合流する地点から東方約800メートルの距離にある丘陵。周辺の街道を見渡せる絶好地でもある有安城は、渡瀬小次郎が城主であったと伝わる。三木合戦（1578〜80年）の際に織田方に属するようになったという。比高約50メートルの城内は想像以上に奥行きがあり、また技巧的な構造がよく残っている。織田軍が駐屯する役割の城だったのだろうか。

# 三木合戦の陣城巡り

　天正6(1578)年から天正8(1580)年にかけて織田氏による三木城攻めの合戦が行われました。別所長治は三木城に籠城し、周囲の支城や毛利氏などからの兵糧の運び込みによって長期戦の構えをとりました。これに対して、織田軍は三木城を包囲し、兵糧の搬入を遮断するとともに周囲の支城を攻略し始めます。

　三木城包囲網として土塁が累々と築かれ、要所に臨時のお城、陣城を構築し、兵糧攻めを行います。世にいう「三木の干殺し」です。

　現在も当時の戦いの遺構がよく残っており、特に三木城の南方に築かれた織田方の陣城は見ごたえがあり、織田方の壮大なスケールと戦の規模をリアルに体感することができます。

❶ 平井山ノ上付城：三木城との距離感を体感しよう！（P34）
❷ 這田村法界寺山ノ上付城：三木城ではなく南側を意識している？（P35）
❸ 高木大塚城：古墳を取り込んだ十字型の土塁に注目（P36）
❹ 高木大山付城：近隣の土塁との位置関係を想像しよう（P37）
❺ 明石道峯構付城：綺麗に整備された駐車場がありがたい（P37）
❻ 小林八幡神社付城：多くが破壊されているが、土塁が見やすい（P38）
❼ シクノ谷峯構付城：台地上に城跡の雰囲気がよく残る（P38）
❽ 三木城：今では想像できないほど巨大なお城だった（P35）
❾ 三木城鷹尾山城：一歩入れば三木合戦の時代を体感（P40）

## 三木陣屋

三木市本町

### 各藩が入れ替わる陣屋町

　慶長20(1615)年の一国一城令により三木城は廃城となり、元和7(1621)年に幕府領として小堀遠江守政一の支配所となった。以後、さまざまな大名の飛び地領として、めまぐるしく支配体制が移り変わっていく。宝永4(1707)年ごろ、下館藩黒田豊前守の領主時代に陣屋が築かれたという。現在は三木市観光協会前の掲示板に陣屋跡の記載があるのみだ。

## 細川館

三木市細川町

### 有名な儒学者を輩出した城

　三木市北部にある細川町付近は、下冷泉家が治める細川荘という荘園であった。細川館は、冷泉政為が荘園管理の拠点として築城したとされるが、天正6(1578)年に別所方の兵に攻められ落城、当主為純は討死した。城跡は大部分が改変され、当時の痕跡は失われている。西の曲輪跡に、為純の子であり儒学者として名をあげた藤原惺窩の像が立つ。

## 殿原城

加西市笹倉町  東播磨

### 集落の中に残る土の城

　観応2（1351）年、足利尊氏と足利直義方の石塔頼房が相対した光明寺合戦。その功績により赤松朝範が在田荘に築城したのが殿原城だ。天正6（1578）年の三木合戦の際は別所方として籠城、城主は自刃した。比高約20メートルの丘陵上に堀や櫓(やぐら)台状地形、土塁など城郭遺構が良好に残っていることに驚かされる。城は極楽寺やその東側一帯にまで広がっていたという。

---

## 三草藩陣屋

加東市上三草

### 江戸時代藩士のお宅訪問

　加東市中心街から丹波篠山市方面へ抜ける国道372号沿いに、やしろ国際学習塾（文化会館）が立つ。ここにかつて丹羽薫氏(しげうじ)が一万石で立藩した三草藩の陣屋があった。当時は藩主以下、多くの藩士が江戸藩邸住まいだったことから、この地には立派な屋敷が不要であったという。近くに内部が見学できる武家屋敷が保存され、貴重な歴史資産に触れることができる。

## ◀ 光明寺城 ▶　　加東市光明寺　

### 光明寺合戦の跡地

　JR加古川線「滝野」駅の西方、標高約260メートルの五峰山を仰ぐ。ここは、観応2（1351）年に足利直義方の石塔頼房が五千騎で一帯に陣を構え、足利尊氏が一万騎の軍勢で囲んだ光明寺合戦で知られる場所である。当時は寺の規模も大きく、籠城して戦う場所に適していたという。光明寺本堂の裏手には合戦本陣の石碑があり、当時の雰囲気を伝えている。

---

## ◀ 三草山城 ▶　　加東市上三草、畑　

### 城跡が残るハイキングコース

　播磨北東部にあり、麓の播磨と丹波を結ぶ街道を見下ろす三草山。源平の三草合戦の舞台として知られ、その後も赤松氏と山名氏の戦場にもなった歴史豊かな場所だ。標高423.9メートルの山頂へはいくつかのハイキングコースが整備され、自然と歴史を体感しながら登山ができる。城跡は山頂から南へ段差となった曲輪が連なるが、それ以上に景色が素晴らしい。

| ◀ 黒田城 ▶ | 西脇市黒田庄町 | check! □ | 東播磨 |

## 幼き官兵衛に脳内で遭遇？

　JR加古川線「本黒田」駅を降りて東へ約600メートル歩くと、黒田官兵衛生誕地の石碑が迎えてくれる。秀吉の天下取りに大きく貢献した軍師、黒田官兵衛がこの地で生まれ育ったという伝承があるのだ。そして約40メートルほどの高さの丘陵上に黒田氏の居城黒田城があった。想像力を最大限に膨らませて登城、詳しい案内板が嬉しい。地元の方の愛を感じる。

| ◀ 矢筈山城 ▶ | 西脇市高田井町 | check! □ |

## 城主不明だが、地域皆のお城

　杉原川が加古川に合流する手前、標高363メートルの山頂に矢筈山城があった。矢筈の森公園として、地元の方も協力・整備された散策路やふれあいロードはとても分かりやすい。山頂部にはピークが三つあり、それぞれが城跡の痕跡を残している。それらの時代差が感じ取れれば、かなりの山城通と言える。しかし、この城を築城、改修したのが誰なのかが分からない。

## 西脇城　　西脇市上野

### 市街地の中に立つ石碑

　加古川と杉原川が合流する地点の北方、西脇市の市街地の中に「史跡西脇城跡」の石碑。石段を上がると「西脇城主高瀬氏政所之趾」の碑もある。城主は赤松氏一族の高瀬土佐守や円山兵庫頭祐則の名が伝わるも、詳細は不明。約100メートル四方を堀と土塁で囲まれた、方形居館と呼ばれる城だったという。現在は城の痕跡を探すことは難しいが、立派な石碑に歴史を感じる。

## 野村構居　　西脇市野村町

### 川沿いを活かした段丘居館か

　JR加古川線「西脇市」駅の東方約430メートル、加古川西岸の段丘上に小さなお堂と、上原大将軍と彫られた石碑が立つ。上原氏の居館跡とされる約50メートル四方の台地周囲には、一段下がった地形が見られ、堀跡らしい雰囲気を残す。東側の加古川沿いの堀跡に出入り口が確認されたことから、当時の河川交通を生かした居館として力を持っていたのだろうか、と想像が膨らむ。

| 比延山城 | 西脇市比延町 | check! | 東播磨 |

## 今も昔もビューポイントの城

　JR加古川線「比延」駅の東方約1.5キロにある城山。麓から比高約220メートルを急な斜面が続く。なんとかロープを頼りに山頂に着くと、小さな削平が何段かある。そこから小さな堀切を越えるともう一つピーク。いずれにしても狭い。南北朝期に本郷氏が居城したとされるが、周囲を一望する場所として使っていたか。ひょうごの景観ビューポイント150選の碑も納得。

| 大木城 | 西脇市大木町 | check! |

## 歴史や城名も不明な城跡

　西脇市北西部、杉原川沿いに南北に延びる山塊がある。その南端のピークに城があった。比高約80メートルで、比較的緩やかな登城道が続く。山頂には神社が立ち、赤い鳥居が連なる。3段ほどの削平地で構成された小規模な城だ。歴史は一切不明、昔この辺りが富田荘の野中郷であったことから、黒田光氏が野中六郎と名乗って居住したという伝承がある野中城ではないかという。

## 蟲生城　　西脇市黒田庄町　check! ☐

### 名前が気になる山城

　JR加古川線の「日本へそ公園」駅と「黒田庄」駅のほぼ中間、福地地区の東側にそびえる山上に蟲生城（福地城とも）があった。応永年間（1394〜1428年）に九条家から黒田荘内に領地を得た村上氏が居城したという。山上は小規模な単郭で構成されるが、堀切や帯曲輪状の地形が残る。戦国期の城の名残をよくとどめるが、城名の由来が気になる。

---

## 門村構居　　多可町加美区門村　check! ☐

### 行けば分かる見事な土塁

　丹波との国境近い門村地区。国道427号沿いに案内板が出ているので、それに従って西へ約150メートル進むと到着。山麓の緩斜面に杉原兵太夫安久の居館、門村構居があった。やぶで分かりにくい箇所もあるが、三重の堀と土塁が延々と連なる状況に度肝を抜かれる。しかも、ほぼ山登りをせずに城郭遺構を堪能できる。歴史が分からなくても満足感を得られる貴重な城である。

## 野間山城　　多可町八千代区中野間　check! 東播磨

### 細尾根上に残る石垣

　多可町南部の野間川と大和川に挟まれた標高約330メートルの山上にある野間山城。有田氏によって南北朝期に築かれ、改修されながら戦国時代まで存続したとされる。登城口は城の北側の野間川脇。急傾斜の道を登ると、細い尾根上にまっすぐ延びた縄張りが続く。所々に見られる石垣がうれしい。美しい鶴という意味の別名「鶴琳（かくりん）城」の由来を探して散策するのも面白い。

## 光竜寺山城　　多可町八千代区中野間　check!

### よく整備された山城

　野間山城の東方約1.2キロ、標高約210メートルの山（トンダ山、光領寺山）上に光竜寺山城があった。城主は野間山城同様、在田氏だ。登城口は大手、からめ手の二つがあり、どちらもよく整備された道で登りやすい。山頂には本丸、二の丸、出丸が残り、随所に案内板が設置されて大変見学しやすいのがありがたい。ここから野間谷や集落を見渡せる絶好の位置にある。

## 段ノ城

多可町中区、加美区

### がっつりと山城登山

　妙見富士として知られる多可町妙見山。そこから西へ派生する尾根先に比高約360メートルの上段、さらに南西先に比高約110メートルの下段と呼ばれる、2カ所に分かれた段ノ城がある。城主は在田荘に本拠を持つ在田氏で、天正3（1575）年に別所重棟に攻め滅ぼされたという。予想以上の高低差に心が折れそうになるも、それ以上に見事な山城遺構を前に、疲れが吹き飛ぶ。

---

## 段垣内構居
（だんがいち）

多可町中区門前

### 山麓に残る複雑な城郭遺構

　段ノ城の南麓、門前集落の民家が立ち並ぶすぐ裏手に城館遺構がある。段ノ城との位置関係から在田氏の居館だとされている。L字状に延びた土塁や突出した櫓台状の高まり、横堀、石積みなど、大変複雑な構造が興味深い。永禄11（1568）年以降に別所重棟が、その後、天正5（1577）年に織田方勢力が、この地に入ったという。北播磨の重要拠点だった証しが残る。

| ◀ 山下城 ▶ | 加西市山下町 | check!  | 東播磨 |

## 地元が誇るおらが里山城

　県道81号「小野香寺線」の通行を監視するかのような独立丘陵上の南端に築かれた山下城。城主の浦上久松は、天正期の三木合戦で三木城へ籠城したという。城跡は南北約200メートル、東西約150メートルの規模で大きな郭がよく残っており、地元の方の手によって「ふれあいの森」として整備されている。まさに地域に愛される城山、地元が誇る地域資産、居心地がいい。

| ◀ 満久城 ▶ | 加西市和泉町 | check!  |

## ゴルフ場に守られているお城

　満久城は南北朝期に内藤氏によって築城された。以後、近隣の在田氏や三木の別所氏に属したが、天正6（1578）年の三木合戦では秀吉方に従ったようだ。戦国時代において見事なバランス感覚を持っていたことがうかがえる。その居城である満久城は、現在はゴルフ場の中にあり見学はできないが、破壊されることなく存在している。今は場外から仰ぎ見るのみだ。

## 小谷城

加西市北条町

### 地元有志の整備に感謝

　加西市北条地区から北を仰ぐと、明らかに城跡だと分かる山がある。山頂部が露出し、削平された様子が見える。陽松寺の脇から整備された登城道を登り、山頂に着くと、約10年前から地元の方の手で美しく保全されている小谷城が迎えてくれる。赤松氏の城として知られる中世の山城で、夏場でも尾根上に曲輪(くるわ)が直線に連なる様子を拝めるのは大変ありがたい。

## 牛居構居

加西市牛居町

### 謎多き城の城址碑

　牛居町の北東部に立つ大歳神社。境内に大きな牛居城の城跡碑がある。城主として中村牛居之祐吉早の名が刻まれているが、伝わる歴史は諸説あり実にややこしい。歴史が不明な城は多いが、牛居構居は説によって、城主の活動時期や歴史に大きく差異があるのが面白い。神社前の「殿垣内」(とのがち)の水田が跡地だという。いずれにせよ、立派な石碑の存在感には圧倒される。

| 内藤氏屋敷 | 加西市満久町 | check! | 東播磨 |

## 江戸期の庭園が残る

　満久城から南へ約600メートル、県道145号を南へ1ブロック入ったところは、十数年前まで満久城主子孫の内藤氏のお住まいがあった場所だ。うっそうとしていた木が近年伐採され、真新しい建物が立つ。敷地内南東部には石垣と土塀跡、そして美しく整備された庭園を見ることができる。江戸中期に築かれた池泉鑑賞式の庭園であり、貴重な武家屋敷の遺構だ。

| ◀ 善坊(防)山城 ▶ | 加西市三口町、戸田井町 | check! |

## 360度見渡せる岩山

　加西アルプスとして多くのハイカーに親しまれる善防山。標高約250メートルの山上には多くの岩塊が露出し、360度のパノラマを楽しむことができる。ここに赤松満祐の弟則繁が城を築いたという。嘉吉の乱による戦では山名軍に包囲された際、油をつけた竹の皮を敷き詰めて敵の侵攻を阻んだが、逆に火をつけられて落城したという伝承がある。石垣の一部が城跡を伝える。

| ◀ 横倉城 ▶ | 加古川市平岡町 |  |

## 土塁が残されているお城

　JR「東加古川」駅の北方約600メートルに横蔵寺(おうぞうじ)が建てられている。かつてはこの地に横蔵城(よこくらじょう)があったという。詳細は不明だが、別所頼清の後裔である野口新十郎の居城であったと伝わる。現在お寺の手前には一文字状に高さ約1メートルの土塁が見られる。そこに城跡の石碑が立つ。現代に埋没してしまっている城跡だが土塁は大切に残していきたい。

---

| ◀ 淡河城(おうご) ▶ | 神戸市北区淡河町 |  |

## 織田軍に一矢報いた播磨武者

　淡河城は、淡河荘の地頭であった淡河氏の居城である。有馬から三木へと通じる街道を監視するかのように、断崖上に築かれていた様子が、模擬櫓(やぐら)風の建物が建てられたことでよく分かる。天正期の三木合戦の際には、城主淡河定範は織田軍とどのような戦を行ったのであろうか。城跡は本丸周辺の空堀が残るものの、大部分は農地整備で破壊されている。

## 天正寺城

神戸市北区淡河町

東播磨

### 遺構と眺望をセットでお勧め

　淡河城から北へ約900メートル。山陽自動車道の北側にそびえる山上に天正寺城があった。山頂に愛宕神社があるおかげか、登城道はほとんどが石段となっており、夏場でも登りやすい。有馬則頼の居城であったとされるこの城は、山頂についた達成感と、その奥に広がるほぼ完存と言えそうな山城遺構を楽しむことができ、満足感が得られる。南方に広がる眺望も最高だ。

## 淡河城西付城

神戸市北区淡河町

### 敵城の目前に築かれた城

　淡河城の南方約460メートル、谷を挟んだ丘陵。ここに天正6（1578）年から始まった三木城攻めの際、淡河城攻略のために織田方が築いた城があった。淡河城よりも少し高台となる跡地には、三つの曲輪（くるわ）が造成され、空堀や土塁が良好に残る。兵の駐屯場所や、淡河城側からの反撃を考慮しつつ築城されたのであろうか。淡河城を攻める目線で散策したい。

## ◀ 萩原城 ▶　神戸市北区淡河町　

### 高い土塁で囲まれる本丸

　淡河城の東方約1.4キロの距離、Ｓ字状に屈曲している淡河川南岸の段丘上にあった萩原城。古くから淡河(おうご)氏の居城であったが、有馬氏に攻め落とされた。東、北、西の三方が崖状となる城内は大部分が耕地や宅地となり、当時の規模がわかりづらい。発掘では多くの石垣や建物跡も見つかったが、今は本丸だけが高い土塁で囲まれ、外部の侵入を拒んでいるかのよう。

---

## ◀ 福中城 ▶　神戸市西区平野町　

### 本丸を国道が貫通するお城

　国道175号の「福中」信号付近に福中城があった。歴史は古く、15世紀中ごろから間嶋氏の居城として、五つの郭で構成する縄張りだったようだ。城跡の中心部の字名が「本丸」と言う。お城の中心部を車で通過していることを考えるとなんとも言えない気分になる。北西部にある宝珠寺には、福中城や間嶋氏について伝える案内板がある。

◀ 枝吉城 ▶　　神戸市西区枝吉　check!　東播磨

## 住宅街の中に消えた城下町

　枝吉城は、播磨国の国衆である明石氏の居城であった。現在は小高い丘にある公園となり、吉田郷土館と神本神社が麓に立つ。かつてのお城を想像するのは困難だ。だが、往時は7基の矢倉と大矢倉があったことが絵図に残っており、相当立派なものだった。東方には、武家屋敷や商家が立ち並ぶ城下町も築かれていたという。現在とのギャップが面白い城である。

◀ 下津橋城 ▶　　神戸市西区玉津町　check!

## L字状の高い土塁が見事

　明石川右岸の平野部に歴史不明な城がある。西光寺や宗賢神社が立つ下津橋城は、近隣一帯を領する明石氏の一族が居城したようだ。城域は南北225メートル、東西125メートルの規模で、周囲に幅約20メートルの堀が巡らされていたという。神社の東北隅に、L字状に土塁が残っているのはうれしい。高さ約3メートルの土塁は貴重な歴史資産であり、勝手に立ち入らず見守っていきたい。

## 端谷城(はしたに)

神戸市西区櫨谷町

### 櫨谷の谷筋に残る衣笠氏の城

豊かな自然が残る櫨谷町北東部。この辺り一帯は衣笠氏が勢力を広げた地域であり、谷筋を中心に多くの支城が築かれた。満福寺の背後の丘陵上にある端谷城が衣笠氏の本城。三木合戦の際には織田軍と激しい戦いが行われたという。山城遺構がよく残っており、少し踏み込んだだけでも城跡を感じる。しかし城の規模は大きくない。支城と連携して織田と戦ったのだろうか。

---

## 池谷城

神戸市西区櫨谷町

### 丘陵上に残る山城遺構

神戸市営地下鉄西神・山手線「西神南」駅の北方約1.1キロにある丘陵上に、城跡が残る。歴史や城主に関する情報は不明だが、端谷城(はしたに)主の衣笠氏一族が居城したと考えられる。天正6(1578)年から始まった織田軍による三木城攻めの際、端谷城と共に落城したという。城域に足を踏み入れると、土塁や堀切、竪堀などが良好に残る。落城後に織田方に再利用されたという。

## 舞子台場

神戸市垂水区  東播磨

### 明石海峡の最重要地点

　JR舞子駅南方の海岸沿いには、かつて明石藩が築造した舞子台場があった。幕末の外国船に対する大坂湾防備の一環で、明石海峡の最も狭いこの地に、勝海舟の指導のもと工事が進められた。その形状は、西洋の要塞を参考にした稜堡式と呼ばれ、W字形に石垣が築かれた珍しいもの。現在は大砲を模したベンチが明石海峡を守っているかのようだ。

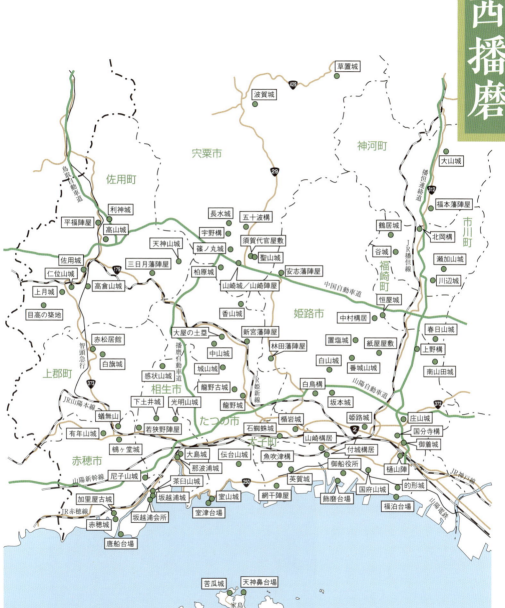

# 英賀(あが)城

姫路市飾磨区中浜町

check! ☐

## 町中で石碑巡り散歩

　英賀保に播磨三大城の一つに数えられるほどの城があった。西に夢前川、東に水尾川が流れ、北は土塁が巡らされ町も取り込んだ「総構え」のお城だったという。北側には湿地帯を濠とし、南は海に面したとても攻めにくいお城で、別名が「岩繋城」。現在は一部の土塁が残り、城内数か所に関連石碑が置かれている。町歩きがてら痕跡探検が面白い城である。

# 置塩城

姫路市夢前町

check! ☐

## 赤松氏政治の原風景

　夢前川が西麓に流れる標高370メートルの城山、そこに播磨国最大級の山城が築かれていた。播磨守護赤松氏の居城置塩城。東西600メートル、南北400メートルの城域に大小約70もの曲輪があり、それぞれがとにかく広い。それぞれが違った印象を受ける。城内を巡る通路と有機的に連なる曲輪群。赤松氏固有の文化や暮しが間違いなくここにあったのだと知る。

## 白鳥構

姫路市実法寺　check!

西播磨

### 住宅地を流れる水路を巡る

　姫路市の北西部にある実法寺の集落に、かつて小国十兵衛が築いた白鳥構と呼ばれる城があった。天正期の羽柴秀吉による播磨攻めの際には英賀城で戦ったが、英賀城落城後は三木家の家臣堀内某がこの地に逃れてきたという。東西80メートル、南北70メートルほどの範囲に現在も使われている水路は、かつての堀跡だったのだろうか。

## 国分寺構

姫路市御国野町　check!

### 水田の中に堀の跡が

　御着城主小寺氏の支流である原田氏が居城としたと伝わるが、詳細は不明。城跡には県道397号が分断する格好で走っている。しかしよく見れば約80メートル四方の郭跡の周囲には、細長い形状の水田がぐるりと巡っている。かつてそこが堀であったのかと一人ほくそ笑む。しかし近年改変があり、城跡らしさが失われつつある。

## 天神鼻台場

姫路市家島町

### 家島にもお台場があった

　江戸幕府は、諸外国からの開国要求が高まるのを受け、全国の大名に沿岸防備の強化を命じた。姫路藩は嘉永3（1850）年、家老の高須隼人に命じて家島に砲台場を構築させた。対岸の室津と呼応するかのように、北方に狙いを定めていたのだろうか。実際、大砲が配備されたかは不明だが、現在は石造の大砲が、行き交う船ににらみを利かせるかのようである。

## 恒屋城

姫路市香寺町

### 豊富な山城遺構をお手軽散策

　赤松氏の被官恒屋氏によって築かれたとされる。築城年代など詳しいことは不明だが、県道久畑・香呂線を走っていると、いかにも城跡だということだけは分かる。ただただ、地元の方々の整備・ご努力に感謝である。ここは山城好きには、ぜひお勧めしたい。比較的簡単に登ることができ、堀切・畝状竪堀群・横堀などの遺構が分かりやすく、散策に最適。

## 安志藩陣屋

姫路市安富町

西播磨

### 小さいながらも名門の陣屋町

　信濃国守護を務めた名門小笠原家。明石初代藩主であった忠政は、大坂冬の陣では家康に「わが鬼孫」と褒めたたえられるほどの隆盛ぶり。しかしやがて継嗣がなくなり、あわや改易となる寸前、幼い長興が安志で一万石の藩主となった。安富中学校が跡地。南側集落内の大手門跡がクランク状となっているのはわずかな痕跡か。小笠原家は明治まで続いた。

## 林田藩陣屋

姫路市林田町

### 陣屋巡りには最適の場所

　姫路市街から北へ国道29号を走り、「林田」交差点を左折し林田川を越えると林田藩の陣屋町となる。元和3(1617)年に初代藩主建部政長が一万石で立藩し、以後明治まで外様大名なのに建部氏が治め続けたのは大変珍しい。陣屋は林田中学校裏の小高い丘陵上にあり、周囲には堀跡らしい痕跡も見られる。近辺を散策すると、陣屋町の雰囲気を満喫できる。

# column

## 【兵庫県のお城の数】

　本書で取り上げているお城の中には、「それもお城なのか?」と言われそうなものが少なくないだろう。陣屋、代官所、砦、台場などそもそも名称からしてお城ではないし、天守閣もなかったものばかり。人によって『お城』の定義が異なるだろうし、それでいいと思う。
　しかし何らかの基準があったほうが分かりやすいと思うので、兵庫県がお城を含む県内の遺跡情報を整理されたWebサイトがあるのでご紹介する。

「兵庫県遺跡地図」（https://www.hyogo-koukohaku.jp/modules/info/index.php?action=PageView&page_id=19）

　ここには、県内の古墳・お城・古い遺跡などが網羅されている。その中で「城」カテゴリに属するものだけを数えてみると、1337件あった。つまり、兵庫県が把握されている県内のお城の数がその件数だということである。(令和2年度時点)
　個人的には、あの台場が入ってない、あの城跡もないというように思うところはあるが、ここでは一つの基準として知っていただきたい。また、このページでは詳細な位置も分かるようになっているので、興味がある地域を調べてみていただきたい。

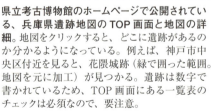

県立考古博物館のホームページで公開されている、兵庫県遺跡地図のTOP画面と地図の詳細。地図をクリックすると、どこに遺跡があるのか分かるようになっている。例えば、神戸市中央区付近を見ると、花隈城跡（緑で囲った範囲。地図を元に加工）が見つかる。遺跡は数字で書かれているため、TOP画面にある一覧表のチェックは必須なので、要注意。

## 国府山城

姫路市飾磨区妻鹿

西播磨

### 呼び名が多すぎるお城

　市川の左岸にある標高102メートルの甲山。14世紀に赤松円心に属した妻鹿孫三郎長宗が築城したという。後の天正期には黒田職隆が居城とし、子の官兵衛が秀吉に姫路城を譲ってこの城に入った、と伝わるエピソードが有名だ。現地に行けば妻鹿城や功山城の表記もあり、城の呼び名に苦労する。しかし、山頂から見える姫路城を含む眺望の素晴らしさは今も昔もブレない。

---

## 網干陣屋

姫路市網干区

### 飛び地となった陣屋

　揖保川河口近くの一角に、立派な武家屋敷の門が残されている。万治元（1658）年、龍野藩主京極高知は讃岐丸亀藩へ移封となったが、網干地区一万石は京極氏領として維持された。陣屋が置かれて代官・奉行が配置され、明治期の廃藩まで京極氏の飛び地として続いた。現在残る陣屋門は改築されたものだが、軒丸瓦に刻まれた京極氏の平四つ目紋の存在感が際立つ。

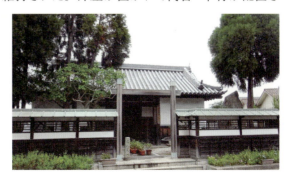

## 上野構

姫路市船津町

### 集落の中にお城あり

　市川左岸の段丘上に位置する船津地区。川船の船着き場があり、かつて交通の要衝であったことが地名となる。集落の中央付近にある八幡神社に、上野構跡を示す碑が立つ。永禄年間（1558〜70）、赤松氏に属した大塚将監が城主だ。八幡神社南方の泰法寺一帯が城の跡地で、神社から寺までの道路はかつて馬場、射場だったという。地元に伝わる無名の城の歴史だ。

## 南山田城

姫路市山田町

### 後藤又兵衛幼少期の城か

　民家が立ち並ぶ中に小高い丘陵がある。南側半分は整地されて南山田公園となっているが、ここは後藤又兵衛の父基国が築城した城跡だ。北側に残る竹やぶには段差のある曲輪（くるわ）と、周囲の土塁も残る。黒田官兵衛やその息子長政に仕え、後に大坂夏の陣に豊臣方として戦った「槍（やり）の又兵衛」はこの公園、いや城で育ったのだろうか。想像するのは難しい。

## 御着城

姫路市御国野町

西播磨

### 実は4重堀を持つ巨大な城

　JR神戸線「御着」駅から北東約500メートルのところに御着城の本丸があった。国道2号北側に御着城址公園があり、城郭風建物の姫路市東出張所がよく目立つ。しかし、かつては小寺氏の居城として、播磨三大城の一つに数えられるほど。北と東には四重の堀、西と南には天川を外堀とする2重の堀があり、周囲に侍屋敷・町屋・寺院を配した惣構えの巨大な城だった。

## 魚吹津構（うすきつ）

姫路市網干区宮内

### 字名が伝える城の跡

　魚吹八幡神社の東方に「殿垣内（とのがいち）」という字名がある。民家が立ち並ぶ中に、小さなお堂と魚吹津構の石碑が立つ。津の宮城の名で室町時代中期には存在していたようで、東西約150メートル、南北約190メートルで扇状の地形を囲む水堀があったという。天正8（1580）年の織田軍侵攻によって消滅した城の一つ。「堀内」「門の口」などの地名が今に城跡を伝える。

| 的形城 | 姫路市的形町 | check!  |

## 里山に伝わる古城跡

　山陽電車「的形」駅から南西へ約500メートルの距離にある赤坂山。標高65メートルの山頂部に的形城があった。城主は福泊領主一族の長尾新十郎重朝や別所長治家臣の佐々木蔵人の名が伝わる。北側に登城道があるが、城跡は削平地らしき段がある程度だ。当時はかなり眺望がきく場所だっただろう。尾根を国道250号が分断しているが、北端に立つ圓光寺に城の石碑がある。

| 飾磨台場 | 姫路市飾磨区須加 | check!  |

## 石碑が伝える台場の跡

　文久3（1863）年、姫路藩は海岸防備のため、現在の姫路港の場所に台場を築造した。湛保（たんぽ）と呼ばれる船だまりの南側に半円形の砲台を備え付け、荻野流2門、西洋流2門の大砲を配備。砲手を常駐させ、実弾射撃訓練も行ったという。当時の痕跡を探すのは難しいが、かつて、緊迫した実戦さながらの瞬間があったのだ。目立たない場所にひっそりと石碑が立つ。

## 白山城(しろやま)

姫路市書写

西播磨

### 書写山に残る秀吉の城

　天正6(1578)年、信長の命を受けた羽柴秀吉は播磨攻略の拠点として書写山に陣を構えた。円教寺大講堂の脇を通過し、書写山の最高峰、白山の十地坊跡に登る。当時の遺構か、土塁がぐるりと残されている。ここから播磨を見下ろしながら作戦を立て、三木城や上月城へ出陣したのか。厳かな円教寺の伽藍(がらん)も、有事の際には城として利用されたのかもしれない。

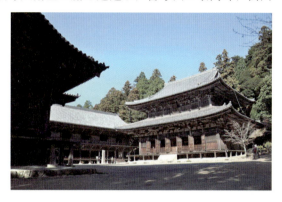

---

## 中村構居

姫路市香寺町中村

### 街道脇に残る土塁と横堀

　香寺町にある恒屋城の西側は、古くから山間を南北へと抜ける街道として使われ、現在は久畑香呂線が走る。その西に小高い丘陵があり、先端上に中村構居があった。恒屋城の家老である花村将監が城主だという。中央には東西約30メートル、南北約25メートルの規模で畑地となっているが、主郭があり、周囲に土塁や横堀がよく残っている。連携して街道を押さえていたのだろうか。

## column

# 【構 居】

　兵庫県内には多くのお城があるが、その中に「●●城」ではなく「●●構居」、「●●構」という城がある。加古川市にある石守構居、神木構居や姫路市の白鳥構、宍粟市の宇野構などがそうだ。構居や構と名のつく城は、県内では主に播磨地域に多く分布する。その多くは中世にその地の土豪や国衆の居館であり、小規模なもので、歴史が詳細不明なものが多い。

　しかし、必ずしもその分類分けができるわけでもなく、明確な定義が難しい。構居と名のつく城であっても、別名として●●城とつくものもある。

　ここでは、少なくともそういう名称で伝わっているものとするのが現実的だろう。

牛居構居

▶掲載している城◀

門村、石守、北脇、神木、大蔵谷、中村、尾上、魚崎、安田、段垣内、付城、山崎、野村、中津、北岡、白鳥、宇野、上野、五十波、国分寺、長砂、牛居、魚吹津

## 坂本城

姫路市書写

### 守護の居城の土塁を見る

　書写山の南麓は扇状地端に緩斜面が広がり、住宅が立ち並ぶ。応永29（1422）年に赤松満祐が坂本城を築城したと伝わるが、時期は明らかではない。少なくとも室町時代、守護赤松氏の居城として政治・経済の中心地であり、置塩城へ移るまでの重要拠点であった。現在は道路が跡地を分断しているが、分厚い土塁の一部が露出展示してあり、城の威容を伝える。

## 紙屋屋敷

姫路市香寺町須加院

### 姫路藩藩札工場の伝承

　国道312号の「須加院」の信号を西へ折れ、須加院川沿いに約1.8キロ。文政2（1819）年、姫路藩の改革を進めた家老河合寸翁に招かれた宮辻氏がこの地に移り住み、姫路藩の藩札や木綿札の製紙工房を建てた。現状は何も残っていない。地元の方に声をかける。「紙屋屋敷はそこや」と指さされた川沿いの空き地。地元で伝え続けられる歴史がここにあったと感動。

## 御船役所

姫路市飾磨区玉地

### 姫路藩の水軍基地

　慶長6(1601)年から始まった池田輝政による姫路城の大改築工事。それと並行して、城下から飾磨の港へ通じる運河の開削が行われ、掘り出した土砂で野田川河口付近を埋め立てて向島ができた。御船役所と呼ばれる姫路藩水軍の基地である。城主が変わっても国替えをしない「城付き」の御船手組が常駐し、姫路の海と海運を監視していた。名残を探して散策したい。

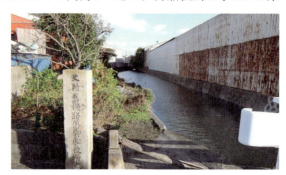

## 樋山陣

姫路市御国野町

### 御着城攻めの陣城

　三木合戦(1578～80年)において織田軍は、三木城主別所長治に従う周辺諸城を次々と攻め落としていく。小寺政職の居城、御着城にも羽柴秀吉、織田信忠ら一万騎余りの軍勢が押し寄せた。御着城の南に位置する樋山に陣取った織田軍に対し、御着城方は鉄砲で応戦して一度は敗走させたという。南方約900メートルの距離にある樋山から御着城がよく見える。どう攻めようか。

## 苦瓜城

姫路市家島町

### 家島の歴史を伝える城山

　姫路港から南西約18キロを隔てた播磨灘に浮かぶ家島諸島。その中央に位置する家島本島、真浦港のすぐ西に標高約70メートルの城山がある。詳細は不明だが、室町時代に苦瓜助五郎本道が築城した山城があったと伝わる。港を一望できる眺望は、家島十景の一つに数えられるほど。江戸時代には姫路藩がこの地に番所を設置した。現在は城跡公園として歴史を伝えている。

## 庄山城

姫路市飾東町

### 姫路を見渡せる絶景

　山陽自動車道「山陽姫路東IC」の南方にそびえる山上に庄山城があった。標高約190メートルのピークを中心に、複数の曲輪(くるわ)が連なり、現在もその広大な城域を感じることができる。赤松貞範によって築城され、以後赤松政村や小寺氏、織田軍の池田勝正の名も伝わる。姫路の平野部を東方から見渡せる眺望は今も変わらない。街道沿いに築かれた巨大要塞(ようさい)、お勧めだ。

## 付城構居

姫路市飾磨区付城

### 地名に残る城跡

　JR山陽本線「英賀保」駅の東方に付城の地名が残る。かつては周囲に用水路や田んぼで囲まれた付城村があったとされ、その名の由来は天正8（1580）年、羽柴秀吉による英賀城攻めの際に、ここに羽柴方の付城が築かれたことによる。裏門跡とされる場所に「関門西堀之跡」の石碑が立つ。南方約1キロの距離にあった英賀城との攻防は、どのようなものだっただろうか。

## 山崎構居

姫路市飾磨区山崎

### 英賀城攻めの陣跡か

　JR山陽本線「英賀保」駅の北西約530メートルにある山崎山。天正8（1580）年の羽柴秀吉による英賀城攻めの際、弟の秀長に命じてこの地に陣を構えさせたという。現在は亀山本徳寺の墓地造成や貯水タンクの建設により、地形が改変。小さな「城の台」の石碑があるものの、頂上にも痕跡を見つけにくい。簡易な陣だっただろうか。英賀城方面への眺望で想像してみたい。

## 福泊台場

姫路市的形町

check! □

西播磨

### 絵図に伝わる地蔵と台場

　山陽電車「的形」駅の南方約1.5キロ、福泊マリーンベルトのすぐ西の海に突き出た場所に文久3（1863）年、姫路藩が築造した福泊台場があり、3門の大砲が配備されたという。現在は姫路市立遊漁センターがあって痕跡を探すのは困難だが、消波ブロックに囲まれた半円状の地形がわずかに雰囲気を残す。脇に立つ八家(やか)地蔵だけが当時の様子を見守っていたことだろう。

---

## 番城山城

姫路市夢前町

check! □

### 置塩城南方守備の城か

　置塩城の南方約1.8キロの距離にある、標高約220メートルの番城山城。築城時期や城主は不明だが、位置関係からみて置塩城の南方守備を担う城だと考えられる。城の北側を走る宍粟香寺線の脇に城跡を示す標柱が立つ。登城道は分かりやすいものの、結構きつい。山頂には主郭を中心に削平地が築かれているが、構造はシンプルだ。眺望がきくので、峠や南方の状況を監視する物見の城か。

## 姫路城

姫路市本町

### 兵庫の城といえば

　兵庫県で城といえば、姫路城をイメージされる方が多いだろう。兵庫の城の顔であり、県民自慢の城。14世紀に、赤松氏がこの地に築城して以来、13氏が48代の城主を務めて今日に至る。何度も訪問しているのに、何かしら新たな発見がある。魅力が尽きない日本を代表する名城だ。JR「姫路」駅前からの天守は見慣れたが、今後も見飽きることはきっとない。

　かつては三重の堀に守られていた巨大な姫路城。さてどこから見てまわろうかと悩む。外堀をぐるりと巡るか、中堀跡に沿って門跡を見て回るのも面白い。時折、天守群の方に視線を向けると様々な角度によって見え方が違うのだということを知る。そして石垣にも注目しながら歩く。大きな矢穴がある石材に気になったり、美しい算木積みに見とれたり。姫路城の本丸は遠い。

## 福本藩陣屋

神河町福本

### 今なお藩政時代を感じる庭園美

　県内には幕末まで存続した藩が意外と多い。福本藩は池田家8代が220年続いた小藩である。国道312号「神崎高校前」信号を東に折れると、まっすぐ伸びた道路はかつての大手町通り。200メートルほど進んだところにある大歳神社付近がかつて福本藩のお屋敷があった場所である。境内に入ると庭園と池の見事さに息をのむ。貴重な大名庭園がここにある。

## 大山城

神河町大山

### 国境を遠望する山上の要塞

　播磨と但馬の国境、標高487メートルの山上に城が築かれた。貞治元（1362）年、赤松直頼が築城したとされる。麓から比高約280メートルを登りきるのはかなり大変だが、主郭に到達した達成感は最高だ。やや木が邪魔をするが、生野峠や鶴居城を遠望する当時の状況は想像できる。城跡は堀切で要所を抑え、北西部にひな壇状の曲輪（くるわ）と大きな横堀と土塁が良好に残る。

| ◀ 鶴居城 ▶ | 市川町鶴居 | check! ☐ |

## 南北朝期の景色を体感できるか

　鶴居城は、標高433メートルの稲荷山山頂にある。山頂部がいかにも山城らしく削平された形状で、高い2本の木が立っているのが特徴だ。南北朝期に赤松円心の孫、永良三郎則綱によって築城されたと伝わる。比高300メートルは大変だが、登城道が整備されており、ゆっくり登れば到達できる。登頂後の景色は期待を裏切らない。360度の周囲の眺望が登山の疲れを吹き飛ばしてくれる。

| ◀ 瀬加山城 ▶ | 市川町上瀬加 | check! ☐ |

## 畝状竪堀群が見やすい城

　市川町の南西部、西脇八千代市川線を北から見下ろす山上に瀬加山城があった。嘉吉年間（1441〜44年）に赤松一族の太田氏が築城。比高約100メートルの城山は、整備された登城道で歩きやすい。山上はコンパクトな規模だが、良好に遺構が残る。特に東側の斜面に見える畝状竪堀群は圧巻だ。天正5（1577）年に秀吉軍によって落城したという。

## 川辺城

市川町東川辺

### ゆっくり登り眺望を楽しもう

　播但連絡道路「市川南ランプ」の東方にそびえる標高約320メートルの城山。南北朝期に赤松氏に従っていた大野弾正忠氏が城主となり、下って天正年間（1573～92年）には大野七郎左衛門、岩崎六郎左衛門の名が伝わる。

南側尾根筋から登城道を上がっていくと、長さ約50メートルの削平地と、周囲に細い帯状の曲輪（くるわ）が巡らされた構造が山頂に残る。風が心地よい。

---

## 谷城

市川町谷

### 中世山城を手軽に堪能

　JR播但線「鶴居」駅から南方へ約1.8キロにある大歳神社。境内から山道を上がった標高206メートルの山頂に谷城が築かれていた。城主は赤松氏に従った永良雅親で、鶴居城（稲荷山城）の城主も兼ねた。城は南北を堀切で区切られ、尾根筋に連なる曲輪（くるわ）がとても見やすく残る。永禄年間（1558～70年）に落城したとされるが、中世山城を今も堪能できる。

# もっとDeepな お城巡りへ

## 市川町の山城巡り

　兵庫県のお城というと、姫路市の姫路城や朝来市にある竹田城をイメージされる方も多いと思います。それらのおよそ中間にある市川町には、全国的にはあまり有名ではないかもしれませんが、見ごたえのある山城がいくつか存在します。

　特に注目すべきは瀬加山城、谷城、鶴居城、川辺城の4城です。

　同町は、昭和30（1955）年に、甘地村・川辺村・瀬加村・鶴居村の4村が合併して発足していますが、奇しくも上記の4城はそれら旧村にそれぞれ立地しています。そして地元の有志らが山城の整備とPRに長らく尽力されてこられていることに感動を覚えます。登城道の草刈りや旗を立ててお城らしさを演出されたり、各お城の魅力をより強調するような活動は遠方から来られるお城好きには大変ありがたい活動と言えます。実際に登ってみると、それぞれ異なる遺構が楽しめるお城で、ぜひ4城すべてにチャレンジしていただきたい。地元の熱い思いを感じながらお城めぐりができる場所です。

❶ 瀬加山城：気軽に登って畝状竪堀群見学（P82）
❷ 谷城：市川町一番のお勧め（P83）
❸ 鶴居城：頂上の見晴らしは最高！（P82）
❹ 川辺城：お城南方の寺院遺構にも注目（P83）

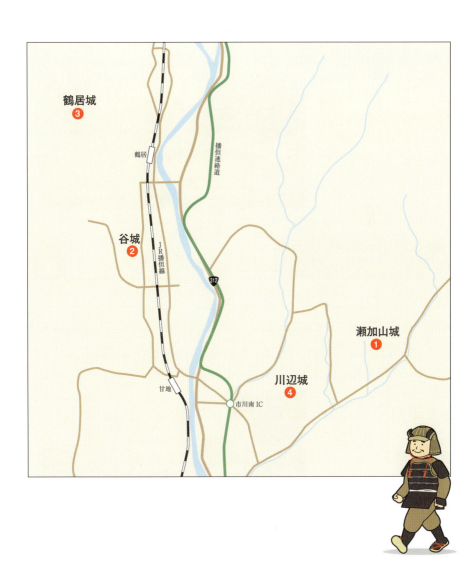

## 北岡構

市川町屋形

## 土塁と堀が残る居館跡か

　国道312号を走っていると屋形地区の中央付近、国道のすぐ西に、木がうっそうと茂った場所があることに気づく。周囲が田んぼとなっている中にそこだけ明らかに違和感がある。歴史は一切不明だが、地元の方は「ヤカタノグロ」と呼ぶそうだ。かつて寺だったともいうが、約30メートル四方の土塁囲みの方形居館跡である。堀跡のような細長い畑も残る。妄想が膨らむ城だ。

## 春日山城

福崎町八千種

## 腹が減っては戦ができぬ

　福崎町南東の隅、標高約200メートルの春日山に城があった。遠目から見ると、平らになった山頂がいかにも山城跡らしい。後藤基明が築城したとされ、応仁の乱の際には赤松政則に従って山名勢を打ち破ったという。後に輩出した人物として、後藤又兵衛がいる。山頂に上がると中央付近に大きなくぼみがあり、食糧貯蔵庫の標柱が立つ。籠城戦を重視したのだろうか、興味深い。

## 下土井城

相生市若狭野町

check! □

西播磨

### 手軽に多重堀切を堪能

　矢野川と小河川が合流する丘陵上に下土井城があった。岡豊後守の居城として伝わる。城跡はすぐにそれとわかる堀が迎えてくれる。いくつかの郭を過ぎるとその奥には岩盤をくりぬいたような見事な堀切に感動。三重になった堀はとても見やすく、小ぶりだが手軽に山城の魅力を堪能できるのがいい。ここにはまるときっと次の山城を目指したくなる。

---

## 感状山城

相生市矢野町

check! □

### 誰が築いた総石垣の城

　標高301メートルの感状山。その名の由来は、建武年間に足利尊氏を追ってきた新田義貞軍を赤松則祐がこの城で50余日の間足止めした功績を称えて、尊氏が感状を与えたから。登ってみると至るところに巨石が転がり、曲輪全体に石垣が積まれている姿に圧倒。謎多き城として知られるが、南曲輪からの眺望は700年前とさほど変わらないのではないか。

## 大島城

相生市那波大浜町

check! □

### 丸い地形が島の名残

　12世紀の播磨国赤穂郡、現在の相生市には広大な田圃「矢野荘」が開発・管理されていた。その一部である「別名」の下司職に就いたのが海老名氏であり、その居城として大島城を築城。東に芋谷川が流れ、海に面した位置にあるこの地はその名の通り島であった。30メートルほど登ると住吉神社がある。ここから中世の武士と荘園との関係性を紐解いていくのも面白い。

## 若狭野陣屋

相生市若狭野町

check! □

### 荒廃が痛々しい旗本陣屋

　若狭野集落の北西の高地に若狭野陣屋があった。寛文13（1673）年に赤穂藩主浅野長直の孫、長恒が分家し、三千石の旗本宅として築かれたのが始まりである。札座だったとされる建物が現存するも、老朽化が激しく早急な整備・改修が必要な状態だ。邸宅跡である奥の神社境内を含む陣屋跡全体を整備できれば、新たな観光スポットとして期待できそうだ。

## 光明山城（こうみょうせん）

相生市陸

check!

### 山深くに残る堅固な山城

　JR山陽本線「相生」駅から北へ約3.4キロの距離にある光明山。一帯に、明らかに城跡だと分かる痕跡が残っている。建武年間（1334〜38年）に赤松円心が築城したとされるが、以後の歴史は不明だ。現地を散策すると、大規模な構造に驚かされ、さらに全方位に堀切や畝状竪堀群などの遺構や瓦片が見られることに感動する。知る人ぞ知る相生市内の堅固な山城だ。

## 那波浦城

相生市

check!

### 港湾部にあった城跡の地形

　瀬戸内海に面して開けた相生湾の最奥部にある那波港。すぐ西にある相生市立那波中学校の校地が那波浦城跡だとされる。その歴史について、宇野彌三郎重氏や海老名氏の名が伝わるも、詳細は不明。校地を北曲輪（くるわ）とし、低地となっている道路が堀切や舟だまり跡、さらに図書館がある辺りを南曲輪だという見方がある。妄想しつつ現地を散策するのが楽しい。

西播磨

| 龍野城 | たつの市龍野町 | check! |

## お城のある城下町風景

　播磨の小京都と呼ばれる龍野の街並みを散策する。入り組んだ路地や落ち着いた古い町屋、醤油の町らしい高い煙突のある建物、そしてたまに見かける西洋の建物。城下町を堪能しながら少しずつ傾斜を上がっていく。その北の高所にある龍野城。石垣と白い城壁、隅櫓が自己主張しすぎないちょうどいい印象。そして本丸から見える町並みも高すぎずちょうどいい。

| 龍野古城 | たつの市龍野町 | check! |

## 近世のお城とセットでお勧め

　現在、御殿が再現されている龍野城本丸の背後にそびえる鶏籠山(けいろう)の上には、赤松氏が治める龍野城があった。天正5(1577)年、赤松広秀は迫りくる秀吉軍を前に戦わずして降伏した。以後、秀吉配下の武将が龍野城に入り、現在見られる縄張りや石垣などの改修を行った。麓から比高差約170メートルの急な登りだが、山頂では戦国期の山城を堪能できる。

## 新宮藩陣屋

たつの市新宮町

西播磨

### 売り物件となった城跡

　JR姫新線「播磨新宮」駅から東へ約200メートルの一角に、新宮藩陣屋跡を示す案内板と碑が建てられている。藩祖は池田重利で、はじめ一万石で鵤(いかるが)に陣屋を構えたが、寛永3(1626)年に新宮に移ってきた。跡継ぎがなく断絶となるも、三千石の旗本として明治期まで存続した。近年は驚くことに、この地が売り地となっていた。今後どうなっていくのか、目が離せない。

## 香山城(こうやま)

たつの市新宮町

### 総石垣の中世山城

　香山地区西方の山麓にある大歳神社。両脇に、整然とひな壇上に曲輪(くるわ)が造成された中世山城がある。香山荘地頭職の香山備後守秀清が築城したという。特に北郭は全ての曲輪が石垣で構成され、そのすごさに圧倒される。また城内に池を造り、奥には高石垣が積まれた主郭がそびえる。多くの石垣に感動しつつも、激しく崩落している状況にもの悲しさも感じる。

## 室津台場

たつの市御津町室津

### 海を見下ろす削平地

　諸外国からの開国要求が高まるのを受け、江戸幕府は諸藩に沿岸防備を命ず。姫路藩は嘉永3（1850）年、家老に家島と室津を検分させ、年内に台場の築造を完了した。室津では3カ所の台場が伝わるも、遺構が確認できるのは1号台場、2号台場の2カ所のみ。室津の南西突端部に位置する2号台場は、駐車場の脇に半円状の削平地が見られる。貴重な海防遺構だ。

## 伝台山城

たつの市揖保川町浦部、袋尻

### 立派な石碑が立つ山城

　揖保川と林田川が合流する地点から西へ約1.9キロ、標高129メートルの伝台山。城の歴史は古く、鎌倉時代末期からその名が伝わる。観応年間（1350～52年）に西脇内匠頭が築城、その後、明徳3（1392）年に梶山城主の赤松治部少輔教弘が居城とし、嘉吉の乱（1441年）で落城したという。眼下には室津港から山陽道に至る街道があり、重要な拠点であったであろう。

## 室山城

たつの市御津町

西播磨

### 室津にあった室山の要害

　室津港の東方、播磨灘に突き出た半島の丘陵上に室山城があった。古くから重要な港町として栄えた室津を押さえる拠点が必要だったことは想像に難くないが、詳しい歴史は不明だ。15世紀を中心に赤松氏、山名氏、浦上氏などとの関わりが伝わる。現在一部が公園化された二ノ丸と、南の「城山」にあった本丸が城域。地形の高低差を感じながら港や海を眺めたい。

---

## 中山城

たつの市新宮町善定

### 城山城の背後を守る城

　JR姫新線「播磨新宮」駅の西方約3キロ、標高約108メートルの山上。建武4（1337）年ごろ、赤松円心の命によって中山城が築城されたと伝わる。明応8（1499）年に浦上則宗と浦上村国が争った際、則宗方に攻められ落城。その後、中山寺が建てられ、昭和になって寺は廃された。城の地形は大きく改変しているが、当時は城山城（きのやま）の背後を守る重要な位置であったのだ。

| 大屋の土塁 | たつの市新宮町大屋 | check!  |

## 田んぼの中に残る巨大な土塁

　JR姫新線「播磨新宮」駅の西方約2.2キロ、大屋集落内の田園風景にうっそうと木が伸びている場所がある。よく見れば土塁状の地形である。近づいて地形の高低差を見るとL字状に築かれており、堀跡も残る。ここから西へ約1キロの距離にある中山城に関連した城郭遺構として考えられているという。城山城(きのやま)の背後を守るための一部か。壮大なスケールに身震いする。

| 城山城 | たつの市新宮町、揖西町 | check!  |

## 何度も訪れたい山城

　揖保川西岸の亀山(きのやま)（標高458メートル）は、比高約400メートルを誇る雄大な山容が大変美しい。観応2（1351）年、赤松家惣領範資の死によって播磨、備前、美作の守護職となった則祐がこの亀山に城を築いたのは、本城である白旗城との連携を意識したためだろうか。城内は、何度も戦いと落城を迎えた長い歴史が遺構として豊富に残る。何度も訪れたくなる山城だ。

| ◀ 鵤ヶ堂城(つきがどう) ▶ | 赤穂市有年横尾 | check! ☐ |

西播磨

## 見晴らし最高の高台のお城

　JR山陽本線「有年」駅の南に、とがった三重山が見える。その頂上に、何やら建物が見えるのが鵤ヶ堂城である。太田弾正の居城であったと伝わるが、詳しくは分かっていない。車で験行寺まで上がれるので、そこからは楽な行程となる。やがて立派な三層建ての展望台が見えてくる。赤穂ふれあいの森展望デッキである。天気のいい日に弁当を食べるには最高の場所だ。

| ◀ 坂越浦城 ▶ | 赤穂市坂越 | check! ☐ |

## 瀬戸内の海を一望できる城

　大避(おおさけ)神社西側にある小高い丘陵上に、坂越浦城があった。享徳3（1454）年ごろの築城という。湯浅氏が居城していたが、後に龍野城主である赤松村秀の通城(かよいじろ)であったとも伝わる。江戸時代には赤穂藩の番所が置かれ、坂越浦を出入りする船を見張った。城の雰囲気は乏しいが、湾を一望できる景色は今も変わらないのではないだろうか。

## 尼子山城 　赤穂市高野

### 尼子氏播磨侵攻の爪痕

　天文7（1538）年に尼子晴久が播磨の大部分を制圧した際、息子である義久が尼子山城を築いたと伝わる。麓にある尼子神社脇から登城道が整備されているが、急勾配が続き、結構大変だ。途中から岩盤や巨岩がむき出しとなった岩山となっており、ここを築城した苦労がしのばれる。しかし、山頂付近からの眺望は登山の疲れを忘れさせてくれ、最高だ。

## 茶臼山城 　赤穂市坂越

### 抜群のオーシャンビュー

　坂越地区の北部、標高約160メートルの茶臼山。南麓の大避(おおさけ)神社から遊歩道を登りつめた先に、立派な展望台がある。途中に石仏がまつられており、厳かな面持ちになりながら頂上を目指す。かつては山城があったとされるが、詳細は不明であり、遺構を見つけるのも難しい。しかし山上から見下ろす瀬戸内海の眺望、生島や家島諸島などの景色は一見の価値がある。

## 坂越浦会所

赤穂市坂越

check! □

西播磨

### 坂越の港を藩主目線で拝める

　丸く弧を描いたような坂越湾に面して立つ坂越浦会所。天保2（1831）年ごろに建築され、明治期まで地元の会所として使用された建物である。同時に赤穂藩の茶屋としての役割もあり、2階には藩主専用の部屋「観海楼」が設けられていた。現在は解体復元整備が完了し、誰でも無料で藩主専用の部屋でくつろぐことができる。お殿様気分を味わえる貴重な場所だ。

## 唐船台場（からせん）

赤穂市御崎

check! □

### 県内最低峰上にある台場

　赤穂海浜公園の南西隅、海に突出した標高19メートルの唐船山。兵庫県内では最低峰として知られるこの地には、文久3（1863）年ごろに赤穂藩によって築かれた台場があった。現在、山頂部は堀りくぼめられ、周囲に土盛りしたように見えるが、当時の遺構であるかどうかは不明。唐船台場の立地は、千種川河口から南方の洋上を見渡すことができる絶好の場所だったのは確かだ。

## 有年山城

赤穂市東有年

### 見どころたっぷりな山城

　千種川と国道2号が交差する地点の北西に、標高201メートルの大鷹山（八幡山とも）がそびえる。山頂には赤穂市最大級の山城が築かれていた。南北朝時代に本郷直頼が築城したとされるが、城の歴史は後世の伝承が混在してはっきりしない。現在は登城道が整備され、大変歩きやすい。また山城遺構が良好に残り、城跡散策としてもかなり満足感が得られるお勧めの城だ。

## 蟻無山

赤穂市有年原

### 古墳を再利用した山城か？

　千種川の東側、有年原地区にある標高約70メートルの蟻無山は、蟻無山古墳群があることで知られる。南麓の明源寺裏手の登山道を登っていくと3号墳が、山頂には帆立貝形の1号墳がある。しかし地形を見ると中世山城の遺構にも見え、奥には玉堀峠と呼ばれる堀切もある。小田弾正が築いた小鷹城だという見方もある。中世遺物も採取されたこの山は城としてありか、なしか。

# 赤穂城

赤穂市上仮屋

check!

西播磨

## 整備・復元が続く大城郭

正保2(1645)年、浅野長直の赤穂入封後に赤穂城の築城は始まった。築城が禁じられていた時代に実施された城であることと、その複雑な縄張りが赤穂城の魅力だ。海に面した立地や随所に見られる横矢の構え。敵に対して、徹底した多方面攻撃が可能な構造は、平和な時代に築城された城としては大変興味深い。広大な城域を誇る大城郭は現在も整備が進む。

兵庫県内のお城で、これだけ長くそして広範囲に渡って、整備・復元が行われているところは他にないのではないか。また発掘調査によって得られた情報を元に、当時の赤穂城が少しずつ蘇っている様子を見られるのは城ファンには堪らないものがある。

また城の北方に広がる城下町にも注目していただきたい。当時の痕跡を探して散策したい。

| 加里屋古城 | 赤穂市加里屋 |  |

## 消滅した赤穂の古城

　JR赤穂線「播州赤穂」駅から南へ、赤穂城を目指して歩く。途中500メートルほど進んだあたりの街中に加里屋古城があった。享徳年間（1452～55年）に岡豊前守光広が築城したという。東は加里屋川、西は花岳寺の参道までの範囲で、およそ南北120メートル、東西195メートルの規模であったとされる。花岳寺山門を南に進むとこの城の「搦手口の広小路」があったらしい。現在痕跡はない。

| 篠ノ丸城 | 宍粟市山崎町 |  |

## 黒田官兵衛はここに居たのか？

　山崎町の市街地北方に標高324メートルの山頂、通称「一本松」に築かれた篠ノ丸城。古くは赤松氏の城として築かれ、応仁の乱後は宇野氏が治めた。天正8年（1580）に織田軍の羽柴秀吉に攻められ、落城。現在は三重堀切や通路、横堀、土塁などの山城遺構が良好に残る。特に北方の斜面に無数に構築された畝状竪堀群はお城ファンを唸らせる。

## 宇野構

宗粟市山崎町　check!

西播磨

### 黒田官兵衛がいた山崎の城か？

　宇野氏の本城である長水城の南麓には、城主の山麓居館があった。字名が「構」として残るこの地は、現在伊水小学校が建てられている。校庭に館があり、土塁や石垣の存在も明らかになった。近年の発掘調査では宇野氏以後の築城技術も見つかった。櫓台や瓦葺き建物跡、改修された石垣。今は石碑が残るだけだが、当時は重要な拠点として使用されたことだろう。

---

## 草置城

宗粟市一宮町　check!

### 知る人ぞ知る？ 天空の城

　草置城は、天文7（1538）年に田路隠岐守胤純（とうじ・たねすみ）が築城したと伝わっている。現在は二層のお城風建物が建てられている。地元では雲海が見られる場所として、天空の城としてPRされたこともあった。お城があったとされる場所は建物から奥に進み、階段を登り切った先にある。削平地と大きな堀切が見どころ。雲海がないほうが見やすくていい。

| ◀ 波賀城 ▶ | 宍粟市波賀町 | check!  |

## 見上げれば城がある町

　宍粟市内を南北に走る国道29号を北上していると、右手山上に見えてくる。平安時代に芳賀七郎が築城したと伝わる。その後中村氏が改修したという。現在は発掘調査を経て再現された帯状に取り巻く郭(くるわ)や石垣、二層の櫓(やぐら)や白壁が城の雰囲気を楽しませてくれる。何より標高456メートルの山頂から見下ろす景色が素晴らしい。今や町のシンボルのようだ。

| ◀ 聖山城 ▶ | 宍粟市山崎町 | check!  |

## 篠ノ丸城攻略の拠点

　揖保川の東岸にある篳篥(ひちりき)神社の脇にある登山道を登ること約5分で、愛宕神社が見えてくる。ここから西方の山崎の町並みが一望できる。さらに登ると一気に山城らしさが感じられる。天正8(1580)年に長水(ちょうずい)城、篠ノ丸城攻略のために羽柴秀吉が聖山城を落城させ、陣を構えた場所。対岸にある篠ノ丸城の全容がよく見える。納得の眺望だ。

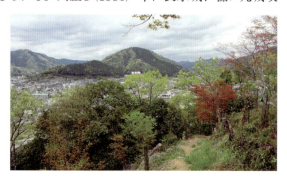

## ◀ 柏原城 ▶   宍粟市山崎町   check! ☐

西播磨

### 自然を満喫しながら山城探訪

　中国自動車道「山崎IC」の南西に広がる、面積372ヘクタールの広大な国見の森公園。その中に柏原城があった。麓の駐車場から城まではかなりの時間が必要なため、装備と覚悟が必要だ。築城時期は不明、城主も諸説あり謎多き城。天正8（1580）年の秀吉の長水城攻めで落城したが、堀切や横堀が巡らされた構造は今も残る。ここまで登って戦う兵の苦労だけはよく分かる。

---

## ◀ 山崎城／山崎陣屋 ▶   宍粟市山崎町   check! ☐

### 石碑を巡る城跡散歩

　揖保川と菅野川の合流地点の北方に形成された河岸段丘上にある山崎城。関ケ原の合戦後、池田輝澄により築城された。池田氏が断絶した後、本多氏が一万石で入封し明治まで存続した。山崎城の絵図を見ると、現在も町割りがそのまま残っていることを知る。小学校や図書館、公園など、散策するとお城関連の小さな石碑があちこちで見つかる。全ての石碑を探したくなる。

## 五十波構(いかば)

宍粟市山崎町

### よく見れば城跡を感じる

　揖保川西岸の河岸段丘上に宇野氏の拠点、五十波構（構の城）があった。長水城から東方約2.3キロの距離にあるが、同城のからめ手を押さえる場所であった。天正8（1580）年の羽柴秀吉による長水城攻めの際には、宇野祐清・政頼父子がここで迎え撃つも、攻め落とされて長水城に逃げ延びたと伝わる。現在も城域の西部に土塁が残り、その脇に石碑が立つ。

---

## 須賀代官屋敷

宍粟市山崎町

### 山崎藩領横にあった幕府役所

　延宝6（1678）年、跡継ぎのなくなった山崎藩池田家が改易。三万石の石高は新藩主の本多氏が一万余石を領し、残りを幕府領として代官・服部六左衛門が入り、須賀村に陣屋を築造した。以後山崎には、揖保川を挟んで西側に山崎藩陣屋と城下町が、東側に幕府の代官役所（陣屋、山方役所ともいう）があったのだ。現在は揖保川東岸の道路脇に小さな石碑が立つ。

## 長水城

宍粟市山崎町

### 高い山上に残る石垣の城

　中国自動車道「山崎IC」の北方約5.4キロ、標高約584メートルの長水山に赤松則祐が築城したとされる。その後、広瀬氏が入り、さらに宇野氏の居城となった。天正8 (1580) 年の羽柴秀吉による攻撃で落城するも、現在も壮大なスケールを誇る山城は健在。山頂部には段々に造成された曲輪(くるわ)や堀切、石垣が残る。登城は大変だが、疲れも吹き飛ぶ達成感がいい。

西播磨

## 石蜘蛛城

太子町立岡山

### 不思議な外国のお城風

　住宅地の中に小高い丘陵地があり、山陽新幹線が下を通過する。弘安2 (1279) 年、従五位下島津左衛門大夫忠行がこの地の地頭職に任命されて、山上に築城したという。整備された道を登っていくと貯水タンクがあり、その周りに外国の城館のような石垣が築かれ、不思議な雰囲気を演出している。山城の遺構は不明だが、周囲を見渡せる眺望は素晴らしい。

## 楯岩城　太子町上太田

### 巨岩を抱く大規模な城

　太子町の北東部、太田地区の後方にそびえる標高約250メートルの城山に楯岩城があった。赤松範資の子則弘が築城後、嘉吉の乱（1441年）の際に落城。赤松伊豆守貞村が居城し、その後5代続くも、羽柴秀吉に攻められ落城した。巨岩が楯のように立ち並ぶ様子から、その名がついたという。現在も岩が露出する大規模な痕跡が見られるが、どこまでが城跡なのかが悩ましい。

## 白旗城　上郡町赤松

### 難攻不落の「落ちない」城

　国道373号を走らせていると、千種川が大きく蛇行する地点で「白旗城」の巨大な看板が。散策しやすいお城かな、と思うことなかれ。建武3（1336）年に赤松円心が築いた白旗城は標高440メートル、比高が390メートルもある上、道中の至る所に岩が散乱している。本丸までの道のりには体力と覚悟が必要だ。最近は「落ちない城」で知られる。納得である。

## 赤松居館

上郡町赤松

西播磨

### 赤松氏発展の原点か

　平安から鎌倉時代にかけて佐用荘に荘官、または地頭職として上郡町赤松に居館を構え、地名を名乗るようになったのが赤松氏の始まりである。播磨では赤松氏と縁のある城が非常に多い。その原点ともいえる場所が地元では「円心屋敷」と呼ばれる。その規模は東西105メートル、南北55メートルの範囲に及ぶ。赤松ファンならずとも一度は訪れて、歴史を感じていただきたい。

## 仁位山城

佐用町仁位

### 畝状空堀群ドライブスルー

　播磨に西端部に位置する上月城をめぐる織田家、尼子家と毛利家との激戦、上月城合戦。仁位山城は上月城の東方、佐用川を挟んだ位置にあり、羽柴秀吉方の陣城として安藤信濃守が寄ったという。現在は山頂まで車道が作られ、夏場でも登城可能。城の斜面には縦に堀が何本も築かれた畝状空堀群が圧巻だ。上月城への眺望を楽しみつつ、合戦の臨場感を味わおう。

| 佐用城 | 佐用町佐用 | check! |

## 地元に愛される城主の首

　JR姫新線「佐用」駅から約1キロメートル南下して佐用川を渡った先の段丘上に、佐用範家によって佐用城が築かれた。後に福原氏が居城としたので福原城ともいう。城の郭がそのまま段丘として利用されたようで、城跡の残存状態は良好だ。中央部には城主福原氏の首級を祀った福原霊社が建てられ、地元の方には「頭さん」と親しまれているのは面白い。

| 三日月藩陣屋 | 佐用町三日月 | check! |

## 江戸時代の藩体制が現存

　三日月藩は、元禄10（1697）年に津山新田藩から森長俊が一万五千石で立藩、9代170年を経て明治維新を迎えた。現在は物見櫓、長屋、門などが復元され、政庁としての威厳を感じることができる。そして東へと歩みを進めると、古絵図に描かれた道路や区画がそのまま存在することに感動。小藩ながら江戸時代の雰囲気を満喫できる隠れた名所だ。

## 高山城

佐用町横坂

### 赤松氏発祥の天空の眺望

　鎌倉時代初頭に佐用荘地頭となった山田則景が築城し、その子家範が赤松に移り赤松姓を名乗るようになったことから赤松氏発祥の地だという。城跡は冬枯れの季節に訪れたい。千畳敷と呼ばれる郭をはじめ、城内は思った以上に広い。そして部分的に小さな石が積まれた石垣も見ることができる。何よりここから眺める利神城が実に美しい。雲海の日を狙ってみたい。

## 上月城

佐用町寄延

### 毛利と織田の最前線の城

　上月城は織田氏と毛利氏が激しい争奪戦を繰り広げた城である。城の北麓にある駐車場から15分もあれば山頂に着く。斜面上に築かれた郭(くるわ)や堀切がとても見やすく、周囲の陣城との位置関係も分かりやすい。かつてこの城をめぐって天下に名だたる武将らが戦い、散っていったことを思うと感慨深い。時間が許せば周囲の陣城巡りで、合戦の中に身を投じたい。

# もっとDeepな お城巡りへ

## 上月合戦巡り

　天正5（1577）年、織田信長は対立が激化する毛利氏に対抗するため、羽柴秀吉を播磨へ侵攻を命じました。播磨、但馬などの諸城を落としつつ、西播磨に兵を進めた秀吉は、佐用郡に到着。竹中半兵衛や黒田官兵衛らの活躍で福原城（佐用城）を攻め落とすと、上月城を包囲し、城を攻略しました。秀吉は尼子勝久に上月城を任せて帰陣。

　翌年、毛利勢は上月城奪還のために軍を進め、城を包囲し多くの陣城を構築しました。また秀吉側も高倉山に陣を構えましたが、信長の命は陣を取り払い、別所氏の三木城などの反織田勢となった播磨内の平定を優先すべしというものでした。それにより上月城は再び毛利方の手に落ち、尼子勝久は自刃し、尼子氏は滅亡となります。この地には織田方、毛利方が合戦の際に築いた様々な陣城が残っています。様々な武士の思いがこの地で散っていったのです。

❶ 仁位山城：城兵が潜んでいるので注意（P107）
❷ 佐用城：段々畑かとおもいきや立派なお城（P108）
❸ 上月城：激戦を想像しながら、周囲の城跡を見渡そう（P109）
❹ 目高の築地：延々と続く土塁に感動（P112）
❺ 高倉山城：圧倒的な存在感がすごすぎる！（P112）

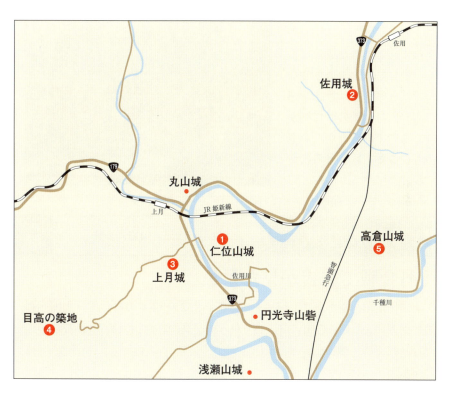

## 目高の築地

佐用町目高

### 山中深くに築かれた土の壁

　上月城と歴史資料館の間の道を西へ約2キロ、目高集落を越えてピークを過ぎた地点からさらに林道を南へ歩いていくと、目高の築地の看板が見えてくる。長さ300メートル以上の土塁と、土塁囲いの曲輪(くるわ)が接続された遺構に驚く。決して誰も通過させないぞ、という強い意志を感じる。上月合戦の際に築かれたものであろうか。わざわざここまで見に来るに値する遺構だ。

## 高倉山城

佐用町櫛田、山脇、多賀

### 上月合戦で秀吉が見た景色

　北に佐用川、東と南に千種川を望む標高357メートルの高倉山。周囲への眺望が素晴らしいこの山には、古くから城が築かれた。天正5(1577)年の上月合戦では、織田信長の命を受けた羽柴秀吉が本陣を置いたことで知られる。山上には巨大な堀切や主郭を中心として数段の曲輪(くるわ)が残されている。急ごしらえの陣城だとはいえ、そのスケールの大きさに圧倒される。

| 平福陣屋 | 佐用町平福 | check! ☐ |

西播磨

## 旗本領としての平福

　標高373メートルの山上に利神城が立つ佐用町平福。寛永17（1640）年、この地は池田氏から松平氏領となり、松平康朗が五千石で陣屋を構えた。その後、幕府領となったが、再び二千五百石で松平氏領となって明治を迎える。国道373号沿いに南北に延びる宿場町を見下ろすように、高台に陣屋門が残る。時折見られる門扉が開かれた姿は威風堂々としている。

| ◀ 天神山城 ▶ | 佐用町上本郷 | check! ☐ |

## 里山に残る段々曲輪（くるわ）

　JR姫新線「三日月」駅から北東へ約2.8キロ、嘉吉の乱（1441年）後、播磨守護となった山名氏の配下、小笹九郎兵衛尚恒が居城とする天神山城があった。南から北へ、ひな壇状に削平地が連なる構造で北側には堀切が残る。やがて赤松方の大内谷山城主、奥五郎兵衛の襲撃によって落城した。周囲を山々に囲まれ、現在も自然豊かな風景を残すこの地にも、赤松と山名の戦いが伝わる。

## 利神城　　佐用町平福　check! ☐

## 西播磨の「天空の城」

　標高373メートルの利神山山頂に築かれた利神城。関ケ原の合戦後に、播磨国に入封した池田輝政がおいの由之に大改修を命じた。その完成した姿は高い石垣、多くの瓦ぶき建物、そして中心部の天守丸には三層の天守がそびえていたという。石垣崩落の危険があるため長らく近づけなかったが、近年ガイド同行で天守丸まで上がることができるようになった。天空の城の眺望に感動。

　智頭急行「平福」駅の南方約200メートル、ガード下の鍵をガイドさんに開けていただく。ここから細い尾根筋約30分の冒険が始まる。少し登ると視界が開け、平福の街並みが見える。佐用川沿いに約1.2キロの因幡街道随一の宿場町の景観が一望できることに感動。

　さらに進むと、利神城の石垣を切り出した石切り場に出る。ノミで割った矢穴跡が残る岩盤。道中も見所満載だ。

# 摂津

**三田市**
- 藍岡山城
- 曲り城
- 溝口城
- 内神城
- 下井沢城
- 木器城
- 風呂ヶ谷城
- 貴志城
- 大原城
- 香下城
- 稲田城
- 尾島城
- 三田陣屋
- 立石城
- 多田銀銅山代官所
- 茶臼山城
- 宅原城
- 松原城
- 鎬射山城

**猪名川町**
- 山下城

**川西市**

**宝塚市**
- 丸山城
- 五社城居館
- 湯山御殿
- 小浜城
- 岸の砦
- 落葉山城
- 有岡城

**伊丹市**
- 奥山刻印群
- 富松城
- 塚口城

**神戸市**
- 丹生山城
- 箕谷城
- 瓦林城
- 栗山氏館

**西宮市**
- 鷹尾城
- 越水城

**芦屋市**
- 摩耶山城
- 平野城
- 打出陣屋
- 七松城
- 尼崎城
- 滝山城
- 西宮砲台
- 平重盛之城
- 雪見御所
- 今津砲台
- 大覚寺城
- 大物城
- 生田陣所
- 花隈城
- 湊川陣所
- 湊川崎砲台
- 兵庫城
- 兵庫勤番所
- 和田岬砲台
- 松岡城

**尼崎市**

## 栗山氏館

尼崎市栗山町

### 西摂平野にあった環濠集落

　七松線を西端として、生島神社が立つあたりから東へ400メートルほどの範囲、旧栗山村の字「屋敷田」に栗山氏の館があったという。南北朝末期の明徳年間（1390〜94年）から当地を開発した、と伝わる。屋敷や神社、さらには集落全体にも水路が巡らされ、環濠集落として営まれていた。現在もいくつかの水路が確認でき、ありし日の姿を想像することができる。

---

## 大覚寺城

尼崎市寺町

### 中世尼崎の中心地

　阪神電車「尼崎」駅から南西へ5分ほど歩いたところに、寺院が立ち並ぶ寺町がある。近世尼崎城の城下町形成の一環として寺院が集められ、現在も当時の様子が残る。その中にある大覚寺は、鎌倉時代から続く歴史のある古寺。室町幕府第2代将軍の足利義詮が在陣した地で大覚寺城とも呼ばれる。かつては尼崎の政治・経済・文化などの中心地であったのだ。

## 七松城

尼崎市七松町

### 戦に利用された村人の城

　JR神戸線「立花」駅の南東約500メートルにある七松八幡宮。戦国時代には集落一帯の周囲に水堀が巡らされ、地域住民が自衛のために防備を固めていた。七松環濠(かんごう)とも言う。しかし、武家勢力にはあらがえず、戦の陣所とされたことが文献に残っている。現在は環濠跡を探すことは難しく、わずかに七松八幡宮の石碑に城名が刻まれている。

摂津

---

## 塚口城

尼崎市塚口本町

### 土塁と堀で守られた寺内町

　阪急電鉄「塚口」駅の北方に、水堀と土塁で守られた塚口城があった。正玄寺が中核となり、周囲に町が形成される「寺内町」として発展していく。天正6(1578)年、荒木村重が信長に反旗を翻して有岡城にこもった際には、織田方の武将が城内に陣を構えて兵を駐屯させた。かつての門跡には現在も高い土塁が残り、一部の水堀が雰囲気を残している。

## 大物城

尼崎市東大物町

### 細川両家の紛争跡地

　尼崎城が築城される以前、阪神電鉄「大物」駅付近に大物城があり、15世紀後半の頃に築城されたという。以後、細川高国と細川澄元の抗争が激化し、一帯は長らく戦乱が続いた。享禄4(1531)年、戦に敗れた高国が大物で捕らえられ自刃。世にいう「大物崩れ」の地としても知られる。大物崩れの碑は大物駅北西の公園脇にあるが、城跡には何もない。

## 尼崎城

尼崎市南城内、北城内

### 平成最後の築城天守閣

　尼崎城は元和3(1617)年、尼崎藩主となった戸田氏鉄により築城された。四層天守と三重の堀で知られるこの城は、西国交通の抑えや大坂湾の海上監視などの重要な拠点として、威容を誇っていたであろう。堀跡や寺町を散策して古き趣を楽しみつつ、平成31(2019)年3月に完成した新たな天守閣に登って、400年前をしのぐ盛り上がりと発展に期待したい。

| ◀ 富松城 ▶ | 尼崎市富松町 | check! ☐ |

## 中世戦国期を生き抜いた土塁

　尼崎市北部を東西に走る県道606号に「富松城跡前」交差点がある。南東方面に目をやると、整備された堀と土塁に驚かされる。住宅が立ち並ぶ市街地の中で、そこだけが別世界のようにも見える。富松城は戦国時代の文献にたびたび登場しており、重要な拠点であったらしい。度重なる戦乱を経験してきたであろう、貴重な本物の歴史資産である。

摂津

---

| 今津砲台 | 西宮市今津真砂町 | check! ☐ |

## 沿岸防備する一石

　文久3（1863）年、外国船の来襲に備え大坂湾防備のために築造された。西宮砲台、和田岬砲台とともに中央に石堡塔(せきほ)を据えた洋式の台場で、勝海舟の指示で進められた。明治になって民間に払い下げられ、大正に入り石材転用で解体されてしまったが、現在は石堡塔に用いられた一石が「今津海岸砲台記念石」として、跡地付近に残されている。

## 越水城

西宮市桜谷町

### 交通と水源を押さえるお城

　越水城の碑が大社小学校前に立つ。永正13（1516）年に瓦林正頼が築城。その後、何度も戦による落城を繰り返したことから、京へと通じる西国街道を押さえる要衝の地であったことがうかがえる。天守があったという説もある。城内には3カ所の井戸があり、現在も清水が湧き出ている。碑の前から南方へと広がる展望に納得。まさに最高の築城好適地だ。

## 丸山城

西宮市山口町

### 金仙寺湖ついでの山城ハイク

　室町時代、金仙寺湖の北西にある標高378メートルの丸山山頂に、多田源氏一族の山口五郎左衛門時角が築城したと伝わる。山頂には丸山稲荷神社があり、参道を使えば夏場でも安心して登城することができる。神社の整地による改変はあるものの、土塁や段々になった郭は山城の雰囲気を残している。当時は街道の交通を監視する役目を果たしていたのだろうか。

## 平重盛之城

西宮市小松南町

### 地名のルーツに歴史あり

平安時代末期、12世紀後半に武庫川河口西岸に平氏の所領「小松荘」があった。小松内府と呼ばれた平清盛の息子、重盛が館を構えていたと伝わる。詳細は不明だが、岡太神社南西の伏松という小高い丘にあったという。現在は同神社境内に平重盛之城の石碑と、重盛を供養したものとされる石塔がおかれている。地名の歴史もひもといていくと意外と面白い。

## 西宮砲台

西宮市西波止町

### 幕末の戦う城

幕末、アメリカやロシアの軍艦の相次ぐ来航を受け、幕府は慌てて沿岸に大砲を備えた砲台場の築造を始めた。御前浜公園に残る西宮砲台は、戦奉行の勝海舟が携わったもので、石堡塔が残るのは、兵庫県の西宮と和田岬のわずか2ヵ所。実戦で使われることはなかったが、全方位11ヵ所に設置された砲眼からの景色はどう見えるのだろうか。

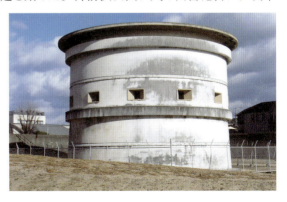

| ◀ 瓦林城 ▶ | 西宮市日野町 | check! ☐ |

## 城址碑はあるが場所不明な城

　瓦林城は、南北朝期に足利尊氏方に属したという。その後、戦国期に瓦林正頼が登場し、鷹尾城や越水城とともに争乱の中にあったようだが、詳しい場所は不明。現在は日野神社の境内に城跡の碑がある。日野神社社叢（そう）は県指定天然記念物で、200種以上の樹木が自然のまま残されており、安らぎの場所である。都市部では碑があるだけでありがたい。

---

| ◀ 奥山刻印群 ▶ | 芦屋市奥山、剣谷 | check! ☐ |

## 徳川大坂城石垣の採石場

　元和6（1620）年から寛永6（1629）年に、徳川大坂城が築城。各地から膨大な数の石材が運びこまれた。県内には芦屋市や西宮市内に痕跡が残る「徳川大坂城東六甲採石場」がある。芦屋市内で最大規模を誇る奥山刻印群は、南北約1.5キロ、東西約1.5キロ。矢穴の開いた石、割られた石が随所に見られ、刻印もある。石垣に使う石材はここから持ち出されたのだ。

## column

# 【石切丁場】

　石垣を有する城を訪れた際、その威容や圧倒的な石の物量に魅了される方は多いだろう。どうやって運んだのか、重機のない当時の苦労や大変な人手を想像すると、一層目の前の石垣が貴重で愛おしささえ感じてしまうのではないだろうか。

　さらにどこから産出しているのかという考えに至ると、石垣を切り出した場所に行きたいという思いに駆られるのはかなりのマニアだ。近世城郭においては概ねどこから石垣を持ってきたのかがわかっているので、興味のある方は調べてみてほしい。

　そんな石垣の産地、大坂城の石垣を切り出した石切丁場が芦屋市にあった。芦屋市の山深いところにある奥山刻印群はその名の通り刻印を有する巨岩を現地で見ることができる。周囲には矢穴があり、今にも切り出されそうな岩がゴロゴロしている。ここからどうやって切り出し、どうやって運んだのだろうか。当時の職人さんの苦労を考えると尊敬の念しかない。

奥山刻印群

## 鷹尾城

芦屋市城山

### 見どころ満載な山城ハイク

　阪急電鉄神戸線「芦屋川」駅を北に出て遠方に視線を向けると、鷹尾城があった城山がそびえている。鷹尾城は永正8（1511）年に瓦林政頼が築城、以後、何度も戦があった城として知られる。現在は多くのハイカーが行き交う絶好のコースとなっている。ハイカーが眺望を楽しむ山頂部から奥には、堀切、土塁、横堀などの山城遺構が現れ、光景が一変するのが面白い。

---

## 打出陣屋

芦屋市翠ケ丘町

### 芦屋に築かれた海防陣屋

　文久元（1861）年、外国船からの海岸防備のために長州藩毛利家が打出村に陣屋を設けた。阿保親王墓の東方に築かれた屋敷は一辺が2町余り（約220メートル）、総敷地は5433坪。現在はその痕跡を見ることはできないが、近年まで陣屋の井戸が残されていた。以後、陣屋の警備は諸藩が入れ替わる。王政復古や神戸事件など、打出の地は幕末に大きな動乱期を迎えたのだ。

## 有岡城

伊丹市伊丹

### ぐるりと一周散策したいお城

　JR宝塚線「伊丹」駅付近を城の中心部とした有岡城。古くは伊丹氏の居城だったが、織田信長の家臣荒木村重によって大改修され、有岡城に改名された。駅前にこぢんまりと石垣や井戸跡が残るが、当時は城下町一帯を堀と土塁で囲んだ惣構えと呼ばれる大規模な城であった。今も南北に細長く延びた地形を意識しながら歩くと、高低差に城跡が感じられる。

摂津

---

## 岸の砦

伊丹市宮ノ前

### 有岡城の北方防御の拠点

　JR宝塚線「伊丹」駅の前にある有岡城本丸跡から、北西へ約600メートルの距離に猪名野神社がある。かつて惣構えと呼ばれた有岡城の北端にあたり、岸の砦と呼ばれた防衛拠点である。神社の境内に入り、周囲の景色を見渡すと神社との高低差がかなりあることに気づかされる。織田軍に包囲された際、渡辺勘大夫が守っていたという。わずかに土塁が残っている。

## 小浜城

宝塚市小浜

### 寺内町から宿場町へ

　中国自動車道「宝塚IC」の西側、南北約500メートル、東西約300メートルの範囲に小浜城があった。古くは一向一揆の拠点として毫摂寺（小浜御坊）を中心とした寺内町として形成された。大堀川が北から西へ流れ、城内は土塁や崖で築かれた堅固な構造だったという。外部との通行は北、東、南の3カ所に門があった。現在は江戸時代に栄えた宿場町の雰囲気が残る。

---

## 尾島城

宝塚市波豆

### 水源池に残る伝承の城

　宝塚市の北西端に位置する千苅水源池。その西側に突出した地形「尾島ノ鼻」がある。かつては羽束川と波豆川との合流を見下ろす高台で、尾島左衛門介の居城尾島城があったという伝承が残る。城の周囲は水源池に水没し、丘陵部も水田や宅地となっており、城であった状態を想像することは困難だ。しかし、一部堀跡らしき形状も見られ、面白い場所ではある。

## 山下城

川西市山下

### 少し登れば戦国の山城

　一庫ダムの南方約560メートルの古城山に山下城があった。城の築城時期は諸説あるが、塩川国満の居城であったことが知られている。城の南から山道を登っていくと、次第に山城らしい雰囲気となる。騒々しい麓とは完全に別世界で、土塁や櫓台状の地形、そして大きな堀切が行く手を阻んでいるかのよう。天正14（1586）年に廃城となったが、今なお堅固な存在感を示す。

## 多田銀銅山代官所

猪名川町銀山

### 銀銅山の歴史を満喫

　多田銀銅山は、猪名川町を中心に古くは奈良時代から知られていた鉱山である。多田源氏、豊臣氏、徳川氏と長きにわたり重要な財源として採掘された。現在も山中に大きく口を開けた間歩を見ることができる。江戸時代には野尻川沿いに代官所が築かれ、4カ所の口固番所とともに鉱山を厳格に管理していた。今も歴史とロマンが詰まった場所。

## 風呂ケ谷城

三田市けやき台

### 住宅街脇にある山城

　けやき台6丁目の住宅地の東端縁に、中世の山城が残されている。昭和40年代の分布調査で見つかった風呂ケ谷城は、三つの曲輪(くるわ)を配し、間を堀切で遮断する構造を持つ。なお、西側の谷部に鉱泉があったことから、風呂ケ谷の字名がついたという。城の歴史は不明だが、北や東を見渡せる眺望を狙って築かれたのだろうか。手軽に山城の雰囲気を楽しめるいい城だ。

## 三田陣屋

三田市屋敷町

### 学校に配慮しつつ城跡散策

　三田市屋敷町の丘陵上に三田陣屋があった。古くは有馬氏や荒木氏らが居城としたが、寛永10(1633)年に水軍で知られる九鬼(くき)氏の所領となり、明治維新まで存続した。本丸には市立三田小学校が、二の丸には県立有馬高等学校が立っているが、絵図に描かれた池や堀など城の形状は良好に残る。小学校には、発掘により見つかったかまど跡が保存されている。

# column

# 【陣屋(1)】

## 大名陣屋

　元和元(1615)年の一国一城令によって、新規の築城は原則できなくなり、以後城持ち大名以外の拠点を陣屋と呼ぶようになる。兵庫県の中でも特に播磨では姫路藩の池田氏五十二万石が本多氏十五万石となり、一万石の小藩が多く立藩することとなる。新規築城することは出来ないものの、お城と陣屋の境界が曖昧なのか様々な陣屋が誕生しているのは面白い。また、藩校や大名庭園、城下町などが残っている場所もあり、幕末まで続いている藩は遺構もあり、意外と見所がある。兵庫県内の城として陣屋もお勧めできる。

柏原陣屋

▶掲載している城◀

福本藩陣屋、三日月藩陣屋、三草藩陣屋、新宮藩陣屋、安志藩陣屋、林田藩陣屋、三田陣屋、村岡陣屋、豊岡陣屋、柏原陣屋、敷地陣屋、山崎陣屋

## 下井沢城 三田市下井沢

### 住宅地に残る土塁

　JR福知山線「広野」駅を降りて、南へ10分ほど歩いたところにある下井沢城は約60メートル四方の平城で、現在は興徳寺が立つ。福知山線の敷設により城内の一部が破壊、幅10メートル余りの水堀跡も宅地開発などで多くが消滅してしまった。当地は「中荘」の代官を務めた有馬氏の居城であったのだろうか。城内にわずかに残る土塁が完全に消滅しないことを祈るばかりだ。

---

## 稲田城 三田市下深田

### 2本の川を外堀とする城

　東西に流れる池尻川と深田川とに挟まれ、県道356号に分断された田んぼには、かつて東西100メートル、南北115メートルの平城があった。昭和のほ場整備の際に四周を囲む内堀が見つかり、城主は後に茨木城に入った中川氏と伝わる。現在は改めて見るべきものはないが、この地の字名は城土、代官屋敷という。2本の川を外堀とする構造だけが城の名残である。

## ◀ 溝口城 ▶　三田市下相野、テクノパーク　check!

### 緩斜面に残る城の痕跡

　舞鶴若狭自動車道「三田西IC」を東方へ約1.3キロ、相野川南岸の丘陵中腹に城跡が残る。溝口秀勝が城主とする伝承があるが、詳細は不明。工場造成、道路建設、ほ場整備など、城域周辺は大きく改変されているため見逃しがちだが、土塁の一部を見ることができる。秀勝は丹羽長秀、秀吉、家康に仕えて、越後新発田藩主となった。ここは秀勝の出世城かもしれない。

摂津

---

## ◀ 貴志城 ▶　三田市貴志　check!

### 伝承もない城の痕跡

　武庫川西岸で、山谷川が北面を流れる丘陵上に貴志氏の居城とされる城跡が残る。城域の多くは住宅地や畑などに改変されているが、東端の突端部に空堀と土塁、曲輪（くるわ）を確認できる。また150メートルほど西に歩くと、公民館の脇にわずかに土塁が残る。伝承もない城跡だが、住宅地の中に埋没していきながらも、よく見れば遺構を見つけることができるのはうれしい。

## 香下城

三田市香下

## ハイキングと城跡を楽しむ

　標高約520メートルの羽束山（はつか）は、ふるさと兵庫100山に数えられ、多くのハイカーが訪れる人気スポット。現在は山頂に羽束神社や観音堂が立つが、南北朝時代は南朝方の重要拠点として、北朝方と激しい戦いを繰り広げた。山頂周辺にも城跡らしき痕跡があり、かなり大きな規模であったようだ。一説には山岳寺院があったとも。当時はこの登りが苦にならなかったのか。

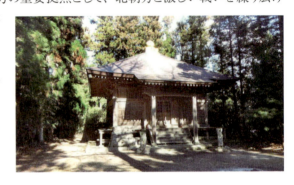

## 立石城

三田市寺村町

## 妄想が膨らむ遺構が残る

　三田市の南端、武庫川と長尾川とに挟まれた丘陵上にある立石城。永禄7（1564）年に山崎左馬介恒政による築城とされる。しかし山崎堅家とする説や、天正6（1578）年に秀吉の三田城攻めの際に築かれた陣城とする見方もある。城内はやぶで多少見づらいが、南北二つの曲輪（くるわ）を中心に横堀や堀切、土塁など見ごたえは十分。妄想を膨らませて散策したい。

## 大原城

三田市大原

### コンパクトだが見所満載な城

　JR福知山線の線路と並走する国道176号を北上すると、「大原」の信号に出る。右方向の丘陵に、すぐにそれとわかる大原城がある。鎌倉時代から、この地の豪族である大原上野守宗隆の居城だったが、天正年間に荒木村重に攻め滅ぼされたという。とにかく遺構の残存状況が素晴らしい。本丸に立つ姫山神社には大原氏の姫の伝説もある。小規模だが、大満足の城だ。

摂津

## 内神城

三田市中内神

### 山林の中に残る横堀をめぐる

　舞鶴若狭道の三田西ICから南東約1.3キロ、テクノパーク三田線と広野永福線が交差する北東の山林に内神城がある。城の歴史は不明だが、堀江氏の居城とされる。城内に入ると、25メートル四方の主郭を中心に四つの曲輪（くるわ）が築かれているのがわかる。また横堀がくっきりと曲輪の周囲を巡っており、堀底を歩いているうちに、いつの間にか夢中になる城だ。

# もっとDeepなお城巡りへ

## 三田市の城

　新興住宅地が広がり、大阪や神戸から電車で1時間以内という立地条件にある三田市。そんな三田市内には、実は多くの中世城館跡が残されているのはあまり知られていないのかもしれません。

　古くは摂津国の北西端にあり、播磨や丹波との国境であり、街道を抑える場所としても適していたのでしょう。都市部に近い場所にありながら少し小高い丘陵上にあがると、堀切や土塁などの城郭遺構が見られるのは三田市のお城めぐりの醍醐味です。また、ニュータウン建設や道路造成等によって、見つかった城跡がいくつもあるのも面白い。近場を軽装で城跡めぐりをする場所として、三田市はおすすめです。

　また、都市部を離れて田園地帯や山間部に行けば、見ごたえのある山城にも出会えます。三田市は知る人ぞ知るお城の宝庫です。

① 稲田城：字名が伝える城跡。心の目で見て・感じて（P130）
② 下井沢城：わずかに残る土塁を大切にしよう（P130）
③ 三田陣屋：学校や児童に配慮しながら散策しよう（P128）
④ 大原城：住宅地をはずれるといいお城が残る法則（P133）
⑤ 曲り城：独特な川の湾曲と「曲り」の名称がイイ！（P136）
⑥ 風呂ヶ谷城：往時は温泉を使っていたのかな（P128）
⑦ 貴志城：よくぞ残ってくれたと遺構に感謝（P131）
⑧ 香下城：心地よい疲労が達成感につながる（P132）
⑨ 藍岡山城：お手軽に楽しめる山城（P137）
⑩ 内神城：城内に入ればYeah! めっちゃ堀ディ（P133）
⑪ 木器城：遠景の印象と随分違うお城（P136）
⑫ 立石城：ここだけ時間が止まったような錯覚（P132）
⑬ 溝口城：溝口秀勝の出世城なのか？（P131）

## 木器城(こうづき)

三田市木器

### かつては交通の要衝の地

千丈寺湖の東方、羽束川の西岸沿いの城山に木器城があった。三田から能勢へ通じる街道が北麓を通り、また羽束川沿いは篠山から宝塚へ通じる交通の要衝の地でもある。城主は光月氏とされるも、詳細は不明。比高約50メートルの城山は東側が急斜面となり、堀切が築かれ堅固な守りだ。山頂部の曲輪(くるわ)はよく残るが、登城道は明確でなく登る人もなさそうだ。

## 曲り城

三田市藍本

### 名称が特徴的な城

JR福知山線「藍本」駅の南方約1.4キロ、舌状台地の先端に堀相模守の居城があったと伝わる。台地の周囲を武庫川が大きく屈曲して流れており、この地域を「曲り」という。城跡は公民館と稲荷神社の社が立ち、城らしい雰囲気はない。かつては周囲に水堀を有する単郭の小さな館であったようだ。城の詳細は不明だが、地区の名称と特徴的な地形は残していただきたい。

## 藍岡山城

三田市藍本

check! □

### 小規模で見やすい山城

　JR福知山線「藍本」駅から南西約680メートル、小高い丘陵上に藍岡山城があった。嘉吉の乱（1441年）後に赤松康則が築城し、その後は子孫の藍氏が居城とした。比高約20メートルは容易に登ることができる。しっかり形成された主郭や西側に土塁や堀切が残るのがうれしい。天正7（1579）年、荒木村重の攻撃を受けて落城したとされる。手軽に山城を感じられる城だ。

摂津

## 松岡城

神戸市須磨区大手町

check! □

### 尊氏が逃げ籠った城

　山陽電車「板宿」駅から北西方面へ約640メートルの距離にある勝福寺。住宅街を抜けて一番の高台にある同寺、および背後の山に松岡城があったという。観応2（1351）年、足利尊氏は打出・御影間の戦いで弟直義の軍に敗れ、松岡城に立てこもった。現在その痕跡を探すのは困難だが、「大手町」の地名に城跡の名残を感じさせる。城の規模は不明だが、眺望は抜群だ。

## 生田陣所

神戸市中央区下山手通

### 多くの合戦場となった神社

　阪急神戸線「神戸三宮」駅から北へ約5分で生田神社に。都会の中にある癒やし空間であり、縁結びの神様としても人気がある。境内北側の「生田の森」には、寿永3（1184）年に平知盛が陣を構えた。天正年間の花隈城の戦い（1578～1580年）では池田輝政が陣を構えるなど、長い歴史の中で多くの合戦を見てきた。たまには史跡巡りで神社を訪れるのもいい。

## 花隈城

神戸市中央区花隈町

### 都会の中の威容な存在感

　JR神戸線に乗って北側の景色を眺めていると、総石垣のとりでのようなものが見える。花隈城跡だ。天正6（1578）年、荒木村重が有岡城にて信長に反旗を翻した際、花隈城は荒木方の支城として戦ったが、同8年に落城。絵図によれば本丸北西隅に殿守とあり、現在は福徳寺の前に「花隈城天守閣之趾」の碑が立つ。車窓からは、今も籠城して戦っているかのように感じる。

## ◀ 滝山城 ▶　　神戸市中央区葺合町　

### 神戸に残る松永久秀の本城

　山陽新幹線「新神戸」駅の北方、標高316メートルの城山にある滝山城。南北朝時代に赤松円心が築城し、戦国時代には松永久秀が大改修を施した。常に戦乱と共にあった山城である。現在はハイキングコースが整備され、城内まで迷わず到達できる。圧巻は中央部の郭(くるわ)群の配置、高低差だ。神戸の中心部に隣接した場所にありながら、今なお戦国期が楽しめる。

摂津

---

## ◀ 湊川崎砲台 ▶　　神戸市中央区東川崎町　

### 神戸にあったもう1つの石堡塔

　文久2（1862）年、外国船の脅威に対抗するため、旧湊川の河口付近に湊川崎砲台の築造が着工された。和田岬砲台とともに兵庫港を挟む位置にある。同砲台と同様、石造りの円筒状の石堡塔を中心に据え、周囲に土塁が築かれたであろう。明治期に火災があったこともあり、残念ながら現在遺構は消滅。跡地は川崎重工業の神戸工場になっている。

神戸新聞社提供

## ◀ 平野城 ▶  神戸市東灘区御影山手

## 想像で巡る駅前の城

　南北朝時代に平野忠勝が築城、御影村の城ともいう。阪急電鉄「御影」駅の北側に御影城の石碑がある。足利尊氏と弟の直義との争いに巻き込まれ、敗れた平野氏は逃れて農業に従事したとされる。付近は開発が進み住宅地となるが、バス停「城ノ前」、堀跡とされる深田池、平野氏の菩提を弔う中勝寺など、想像を膨らませて跡地を散策できる。

## ◀ 摩耶山城 ▶  神戸市灘区上野

## ケーブルで楽々歴史散策

　「摩耶ケーブル駅」から摩耶ケーブルで「虹の駅」まで一気にあがる。景色を楽しむならさらにロープウエーを使いたいが、ここで降りて摩耶山城跡を散策する。太平記によれば、赤松円心が大塔宮護良親王の令旨を受け、摩耶山城を築いた。確かに城跡の痕跡があるが、時代は太平記の頃とは違う。整理できないワクワクが込み上げてくる。

## 湊川陣所

神戸市兵庫区会下山町

### 楠木正成の最期の戦い

　神戸市兵庫区の街並みを見下ろす高台にある会下山公園。ジョギングコースが整備され、桜の名所や夜景スポットとしても人気が高い。ここは建武3（1336）年に九州から攻め上ってくる足利尊氏の大軍を迎え撃つべく、楠木正成が陣を張った場所として知られる。「大楠公湊川陣之遺蹟」の碑の前に立ち、正成の決死の覚悟に思いをはせるのもいい。

## 雪見御所

神戸市兵庫区雪御所町、湊山町

### 平清盛の邸宅跡

　天王谷川と石井川に挟まれた雪御所町は、その名の通り、かつて平清盛が邸宅を構えていた雪見御所の跡地だ。昭和61（1986）年の湊山小学校建設に伴う調査では、石垣が見つかった。約100メートル四方の敷地には、立派な屋敷と美しい庭園が築かれていたのだろう。現地に設置されている石碑は、発掘調査で見つかった石だという。清盛が眺めた庭園にあったものかもしれない。

## 兵庫城

神戸市兵庫区中之島

### 時代の変遷を体感

　天正8（1580）年に花隈城を攻略した池田恒興は、信長より兵庫の地を与えられた。新たに築城したのが兵庫城である。明治の新川運河工事によって城中心部の大半が消滅してしまったが、近年の発掘調査で、当時の石垣や堀跡が見つかった。現在はその地に商用施設が立ち、発掘で見つかった石垣の一部が商用施設の入り口付近に転用されている。

## 兵庫勤番所

神戸市兵庫区中之島

### 令和3年に復元

　明和6（1769）年、幕府は尼崎藩領であった西宮から兵庫までの沿岸地域をとりあげ、播磨の替え地を与える上知(あげち)を行った。以後、同藩の兵庫陣屋は改築され兵庫勤番所となる。慶応4（1868）年に兵庫県が誕生、県庁が置かれた。令和3（2021）年に復元された初代兵庫県庁は、勤番所としてみれば最も新しい城と言える。今後この地での盛り上がりに期待したい。

## 和田岬砲台

神戸市兵庫区和田崎町

### 今は厳重に守られている砲台

　鎖国政策が続く幕末の世に突如現れた外国の艦船。幕府は沿岸防備のため、全国に大砲を配備する砲台場の築造に追われた。その中で、現在も見られる石堡塔は和田岬と西宮の2カ所のみ。和田岬砲台は三菱重工業株式会社神戸造船所内にあるため、現在も固い警備で守られている。実戦に使われることはなかったが、諸外国を迎え撃つ気概が今も残る。

摂津

---

## 丹生山城

神戸市北区山田町

### 落城悲話が伝わる天険の城

　摂津国の西端にそびえる標高515メートルの丹生山。古くより明要寺が建てられ、戦乱期には重要な要害として利用された。天正6（1578）年の三木合戦では、花隈城と連携して三木城内へ兵糧を運搬する役目を担ったため秀吉に焼き打ちにされ、翌年落城。その時の亡きがらが葬られたと伝わる稚児ケ墓山もある。多くの命が犠牲になった地である。

## 宅原城 （えいばら）

神戸市北区鹿の子台北町  check!

### 住宅地の中に土塁囲みの城

　神戸電鉄三田線「神鉄道場」駅の西方約900メートルの住宅街に、比高30メートルほどの丘陵が残されている。城跡の標識も明確な登城口もなく、周囲に住宅が立ち並んでおり、近づくのが難しい状態だ。頂部には低い土塁で周囲を守られた曲輪（くるわ）が残る。住宅地間近で見られるこの景色は驚きだ。城内に残る「伊賀守信貞之城趾」の石碑はあるが、それ以外の情報は不明。

---

## 箕谷城

神戸市北区松が枝町  check!

### 城だったのか？ 城跡公園

　神戸電鉄有馬線「箕谷」駅から北西へ約800メートルの距離にある箕谷城跡公園。広大な住宅街の中に隣接して整備され、落ち着いた印象だ。伝承によれば、室町時代に畠田氏の居城だったという。しかし発掘調査は未実施で謎に包まれた城だ。しかも城跡とされるのは公園よりも少し北になる。公園の地形は城跡らしい雰囲気があるので、城に関連した可能性もあるが…。

## 茶臼山城

神戸市北区上津台

### 住宅街そばに残された城

　中国自動車道「神戸三田IC」から南東約1.4キロ、上津台の住宅街の北端に残る丘陵上に茶臼山城があった。一蓮坊祐之(井上源太夫)が築城したと伝わるが、天正7(1579)年の羽柴秀吉による三木城攻めの際に、仙石秀久の軍によって落城したという。城跡は公園整備され、南丸と本丸、その間に堀切が残る。また西麓には、城主の名がつけられた一蓮坊池がある。

## 松原城

神戸市北区道場町

### 開発工事で消えゆく城

　神戸電鉄三田線「神鉄道場」駅のすぐ東に松原氏の居城、松原城があった。別名を蒲公英(たんぽぽ)城とも。宅地開発工事の前に発掘調査が実施され、令和元(2019)年に現地説明会が開かれた。高土塁や堀切、建物跡や石敷(いしじき)遺構など見応えは十分。織田信長が三田城攻めの際に付城として大改修したものか、と想像が膨らむ。城は消滅したが、今後も語り継いでほしい。

# もっとDeepな
## お城巡りへ

# 神戸市北区の城

　神戸市北区は、神戸市内では最大面積を誇る区であり、多くが山間部となっています。また古くは一部が播磨に属していましたが、今は大部分が摂津となり、旧国境が区域を分断している地域です。

　南部には古代から山田荘と呼ばれる荘園があり平清盛のゆかりの地として、さらには源平合戦にまつわる名所旧跡が残されています。また日本最古の温泉の一つで豊臣秀吉が愛した有馬温泉もあります。西部には三木合戦に関連した城も残っており、長きにわたって多種多様な城が残る地域となっています。ゆっくりと自然や季節を楽しみながら、お城めぐりするエリアとしてはお勧めです。

① 淡河城：街道を見下ろす絶好の位置（P56）
② 松原城：消滅前は「ものすごいお城！」でした（P145）
③ 湯山御殿：結局、秀吉は利用できなかった湯殿（P148）
④ 落葉山城：ここのお城をみてから一汗流そう（P149）
⑤ 丹生山城：この城経由の兵糧運搬ルートを考えたい（P143）
⑥ 萩原城：城内に残る高い土塁囲いに大満足（P58）
⑦ 箕谷城：お城か？謎の残る城跡公園（P144）
⑧ 天正寺城：階段を登り切った上に見事なお城（P57）
⑨ 宅原城：もっと見学しやすくできないかなあ（P144）
⑩ 五社城居館：城よりも歴史が長い神社（P149）
⑪ 淡河城西付城：他の付城との位置関係も注目したい（P57）
⑫ 鏑射山城：南北朝期の要塞は想像が難しい（P148）
⑬ 茶臼山城：公園整備されたようなお城（P145）

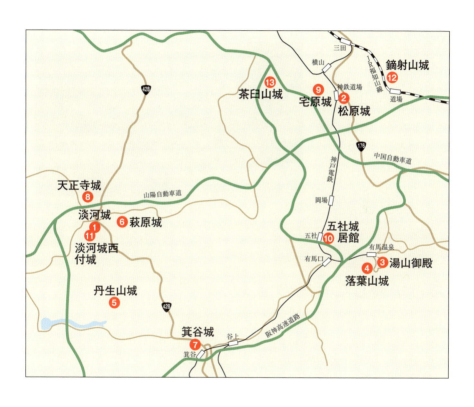

## ◀ 鏑射山城 ▶

神戸市北区道場町

### 戦場となったご神体の山

　JR福知山線「道場」駅の北方、標高327メートルの鏑射山。山中には聖徳太子が伽藍(がらん)を建てたことを起源とする鏑射寺がある。山全体が南北朝時代に要塞化(ようさい)され、南朝方と北朝方との合戦場となったという。数度の戦火や山火事を経て、現在は城跡の雰囲気を探すことは難しい。総ひのき造りの三重塔の脇にある山道を登ると、鏑射大権現が静かにまつられている。

## 湯山御殿

神戸市北区有馬町

### 秀吉が愛した有馬の湯

　豊臣秀吉が有馬温泉を愛したことはよく知られている。文禄3（1594）年には自身の御殿を造らせたほど。発掘調査によって極楽寺の境内で御殿跡が見つかり、現在「太閤の湯殿館」として、当時の様子を分かりやすく展示している。御殿の外には野面積(のづら)の石垣も見られ、その上には櫓(やぐら)があった。風呂を楽しむ秀吉の城がここにあったのだ。

## 落葉山城

神戸市北区有馬町

### 温泉前の山城ハイキング

　有馬温泉の街並みの西方にそびえる落葉山に山城があった。今は標高533メートルの山頂に妙見寺が立ち、参拝道を使って登頂することができる。南北朝期から戦国期まで、重要な拠点であったと思われる城跡からの眺望は素晴らしい。眺望だけで満足できない山城ファンには、山頂の南側を散策されることをお勧めする。草に隠れるようにして戦国の城が息をひそめている。

摂津

---

## 五社城居館

神戸市北区有野町

### 多くの歴史を持つ神社

　神戸電鉄三田線「五社」駅の北方約260メートルにある五社八幡神社。創建は不明だが、多田源氏が摂津を領した頃にさかのぼる。赤松円心が山城を築いた際には、この地に社殿を勧進。その後、三木城主別所長治が小野三郎義晴に切畑城(五社城)を築かせ、義晴は境内に自身の居館を築いた。天正6(1578)年、秀吉による中国攻めで落城。小さな神社だが驚くほどの歴史がある。

## 伊賀谷城

豊岡市伊賀谷

### 立派すぎる畝状竪堀群

　伊賀谷集落の奥、比高100メートルほどの山上にすごい遺構を持つ城がある。麓の三柱神社から急な斜面を登っていくと、城の南側となる斜面に竪堀を見つける。大変良好な状態で残っている。また東、西にもそれぞれ畝状に竪堀が見られる。さらに北面には二重の堀切が大きな口を開けている。一体誰がここまで堅固な城にしたのか。ここまで必要だったのか。悩みが尽きない。

## 豊岡城

豊岡市京町

### 公園として楽しもう

　豊岡市京町の南方、東西に延びる標高49メートルの神武山に豊岡城があった。天正8（1580）年の羽柴秀吉による但馬攻めにより、山名氏に代わって秀吉配下の支配となる。その際、宮部継潤らによって城に改修が加えられた。明治以降は公園整備、上水道配水池の設置など大きく改変され、今は城跡を感じることが難しい。ただ、本丸からの市街地の眺望は城ならではのもの。

## 豊岡陣屋

豊岡市京町

### 明治まで続いた京極氏の陣屋

　寛文8（1668）年、豊岡城の山麓居館があったとされる場所に、京極高盛が豊岡藩の藩庁として陣屋を築いた。現在は豊岡市立図書館の敷地となっているが、図書館建設に伴う発掘調査で江戸時代の建物跡が見つかった。現地を訪れると、旧豊岡県庁の正門や脇にある武家屋敷の塀が歴史を感じさせてくれる。また図書館内の石造りの井戸を見学できるのも面白い。

## 正法寺城

豊岡市山王町

### 駅近な遺構で城跡を想像する

　JR山陰線「豊岡」駅南東の独立した丘陵地に、山名政豊が居城していた正法寺城があったという。市街地の中にあるこの地には現在、日吉神社が立ち、境内を散策してもかつて城であった姿を想像することは難しい。しかし、神社北東部をのぞき見れば、城跡らしき痕跡も見ることができ、大変興味深い。どのような歴史があったのか、地形や立地を見ながら考えたい。

| 鶴城 | 豊岡市山本、上ノ谷 | check! |

## 鶴が羽ばたく戦国の城

　JR山陰線「豊岡」駅の北東約2キロにある愛宕山。標高115メートルのこの小高い山に、但馬守護の山名氏の有力な国人田結庄(たいのしょう)氏の居城、鶴城があった。鶴が翼を広げたような曲輪(くるわ)配置から、そう呼ばれるようになったという。広い城域に竪堀、土塁、堀切などの山城遺構があり、実に見どころ満載。実際に鶴に見えるかどうか、その目で確認していただきたい。

| 出石城 | 豊岡市出石町 | check! |

## おそばと城下町歩きを満喫

　慶長9(1604)年、小出吉英が城山の麓に、曲輪を階段上に配置して整備した出石城。やがて城下町が形成された。出石は現在もその構造がよく残った、但馬地域で有数の観光地だ。宝永3(1706)年に信濃上田から入封した仙石政明が、信州の職人を連れてきたことで発展したという出石そば。そして、城下町と歴史情緒。この先も残り続けてほしい。

## 有子山城

豊岡市出石町

### 険しい登山の先に感動あり

　出石の城下町の南東に標高321メートルの有子山がそびえる。頂上には天正2（1574）年に山名祐豊が再起をかけて築城した山城、有子山城があった。登城道は険しい尾根筋をまっすぐ登るシンプルなルート。汗をふきつつ登り詰めると、高い石垣が迎えてくれる。よくここに石垣を築いたものだと感動。そして何よりも山頂からの景色に、これまでの疲れが吹き飛ぶ。

但馬

---

## 此隅山城

豊岡市出石町

### 守護大名の大城郭

　出石川右岸の宮内集落北東に位置する此隅山城。守護大名の山名氏の居城として知られるが、築城時期は定かでない。標高143メートルの山頂を目指すことは難しくないものの、城域を全て踏査しようとすると想像以上に大変だ。東西1200メートル、南北750メートルほどの範囲に無数の曲輪（くるわ）が連なる。織田軍に攻略されたとはいえ、今なお山名氏の威光は残されている。

# column

## 【山城における水の手】

　山城の見所を聞かれることがよくある。攻めにくく、守りやすい構造や、現在も良好に残る遺構だろうか。それも確かにそうなのだが、水の手がどこにあるのだろうかと考えてみていただきたい。いかに堅固な城であっても、いざ戦となり山城に籠った際、水がなければそれ以上戦えないのだ。

　文字通り水の手はその城の生命線となる。井戸を掘ったり、雨水を集めていたであろう場所がどこかに残っているのかは山城を見る際に非常に重要なポイントだ。

　少なくとも現在に残る井戸跡や水の手跡は、周囲から隠すように防護されたり、堅固な構えで敵に奪われないように工夫されていることが多い。山城に行った際には、水の確保をどうしていたのかを考えると、当時の様子を垣間見られる気になる。

八上城

## 安良城　豊岡市出石町

### 出石北方の街道監視の城か

　出石川右岸、安良集落の標高約70メートルの山上に築かれた。山裾を六方川や嶋川が流れ、格好の築城場所である。城主は鎌倉後期から南北朝期にかけて石清水八幡宮の下司(げし)職を務めた安良氏だが、詳細は不明。現在は主郭に八幡神社が立ち、参道を上がれば楽に登城できる。主郭から5方向に延びた尾根上には曲輪(くるわ)が連なり、かなり立派な縄張りを持つ。

---

## 中村城　豊岡市出石町

### 山名氏の細長い拠点防衛の城

　天正8(1580)年、羽柴勢によって有子山城とともに落城したとされる中村城は、出石川と奥山川とに挟まれた南北に延びる山上にあった。登城はただただ急傾斜がきつい。比高約200メートルの登りはまさに上級者向け。尾根上に到達すると、あとは南北一直線に進むだけで大変見やすく、遺構の状態も素晴らしい。迫りくる軍勢とどう戦ったのだろう。有子山城を仰ぎ見る。

## 瀬戸奥面台場

豊岡市瀬戸

### 日本海沿岸を守る台場跡

　幕末期、外国船からの脅威に備えるため、全国的に沿岸に砲台が築かれていった。豊岡藩は文久2（1862）年に津居山、瀬戸、気比の3カ所に砲台を築いた。その一つ、瀬戸奥面台場では、当時のものと思われる土壇と積み石の一部を見ることができる。現状は波の浸食が進み、草も伸び放題。県内では貴重な日本海側の沿岸防備遺構の存在が心配だ。

## 倉見陣屋

豊岡市倉見

### 陣屋の石垣遺構に大満足

　寛文6（1666）年、出石藩主小出吉重が弟の英本に2千石を分知し、倉見小出家が成立した。陣屋は倉見集落の北端奥に位置し、現在は南北約50メートル、東西約40メートルのグラウンドとなっている。しかし、陣屋入り口付近の石垣や堀跡が残っているのがうれしい。明治まで存続した倉見陣屋は旧状が不明、現地には案内板もないが、そこに立てば納得の状態である。

## 三開山城

豊岡市駄坂、他

### 土の城を見るならここ

　豊岡盆地にそびえる但馬富士、三開山。山裾を六方川と穴見川が取り囲む独特な地形。山頂には南北朝期に山名時氏が築城した城があった。登山道が整備されているため歩きやすく、斜面を削って急斜面とする切岸の高さや、堀切や連続する竪堀に圧倒される。さらに千畳敷と呼ばれる城主居館跡、水の手なども良好に残る。見学しやすい山城としてお勧め。

## 楽々前城（ささのくま）

豊岡市日高町

### 垣屋氏が磨き上げた戦う城

　稲葉川と阿瀬川が山裾を流れる標高308メートルの山上にあった楽々前城は、応永年間（1394〜1428）に垣屋隆国（かきや）が築城したという説がある。詳細は不明。守護代としての垣屋氏の居城が、守護山名氏との争いが激化するにつれ、堅固に改修されていったのであろう。城の規模は但馬最大級であり、見どころもきりがないほど。散策は楽々というわけにはいかない。

## 水上代官所(陣屋) 豊岡市日高町

### 陣屋跡を伝える石垣

　寛文6(1666)年、出石藩主小出吉重は弟英勝に気多(けた)郡一千石を分知、以後は山本集落に陣屋が置かれた。その後、陣屋は水上集落へ移転となり、三木氏が代官として明治維新まで務めた。約50メートル四方の敷地には水上公民館が立つが、2カ所の門跡と石垣が往時の雰囲気をよく残している。現在も集落の中央に立地し、見事に存在感を維持しているように見える。

---

## 玉見城 養父市玉見

### 集落を守る館城か

　玉見集落の北方、突き出した丘陵の尾根上に玉見城があった。現在は水田や畑として利用されているが、1メートル以上の段差に大きな曲輪が六つあり、かなり規模の大きな城を感じさせてくれる。城跡と知らなければ気づかない場所で、地元では「殿屋敷(との)」と呼ばれているという。城主や築城時期などは不明。全体を見渡せる立地条件は集落を守る館城にふさわしい。

## 大藪陣屋

養父市大藪

check! ☐

### 集落内に残る旗本陣屋

　寛文6（1666）年、出石藩主の小出吉重が弟英信に二千石を分知し、大藪村は旗本小出家領となる。後に一千五百石となるが、明治期まで存続した。陣屋があったのは円山川右岸、山裾にある大藪集落の奥まった地点。正確な範囲は不明だが、民家が立ち並ぶ中に石垣が一部残存している。地元の方に「代官所跡」と教わった。現在も威厳ある雰囲気を感じる。

但馬

---

## 野谷城

養父市長野

check! ☐

### 集落の高台に館があった

　野谷集落の突き出すようにして延びる尾根先端に、野谷城があった。伝承では竹田城の城主であった太田垣氏の家臣、安藤盛次が城主であったという。中心となる大きな曲輪（くるわ）は東西約40メートル、南北約32メートルの広さで、この辺りでは珍しい「館城」（やかたじろ）と呼ばれる。宅地造成等でかなり改変されているが、大きな土塁が存在感をアピールしているようだ。

| 朝倉城 | 養父市八鹿町 | check!  |

## 越前朝倉氏発祥の地

　朝倉集落の南西、標高152メートルの山上に朝倉城があった。城主は平安末期に地名の朝倉を名乗るようになったとされ、後の越前国の大名朝倉氏につながる。朝倉氏発祥の地である。城は戦国期まで使用されたらしく、山城遺構の残存状態が素晴らしい。丸い形状の主郭に立ち周囲を一望する。越前国までは見えないが、ここから朝倉氏が興ったと思うと感無量だ。

| 殿屋敷 | 養父市八鹿町 | check!  |

## 八木氏の居館跡

　八木城の登山口から東へ約150メートルのところに真新しい公園がある。近年の発掘調査によって整備された殿屋敷遺跡。南北100メートル、東西90メートルほどの規模で周囲に堀が巡らされており、南西部では石垣も見つかっている。八木城城主である八木氏の居館跡だ。城主の生活空間が公園に整備されると、八木城の存在感がより強調される。ぜひ殿屋敷から八木城を仰ぎ見てほしい。

# 八木城

養父市八鹿町

## 石の城と土の城セット

但馬国守護大名だった山名氏に属する四天王の一人、八木氏の居城八木城。天正8(1580)年の羽柴秀吉率いる織田軍の攻略後、別所重棟が城主となって現在残る姿に改修した。標高330メートルの本丸に残る高石垣を見ると、登城の疲れも吹き飛ぶ。石垣を堪能したら、さらに奥へ。尾根上に連なる曲輪と土塁が続く八木土城が現れる。様相の異なる二つの城を楽しめる。

八木城は、八木氏の居城として鎌倉時代から戦国・豊臣氏の時代にかけて約400年にわたる中世の但馬地方を代表するお城の一つである。高い石垣が良好に残る八木城、その奥にある八木土城はもちろんだが、近年麓にある八木氏の居館跡が発掘調査、整備復元が進む。館の周囲を堀で囲み、堀には石垣が用いられていた。ぜひ一度は見に行ってほしい。

## 岡城

朝来市岡

### お手軽に土塁囲いを満喫

　岡集落から北方の段丘上、約25メートルの高さのところに岡城がある。一見して城跡だと分かる雰囲気の城は東西50メートル、南北70メートルほどの規模で、気軽に見学できるのもいい。周囲を高い土塁で囲まれた構造で、出入り口も明確に残っているのが特徴。地元勢力による築城ではなく、近隣にある法道寺城（P169）と同時期に築城されたとみられる。2城セットの訪城がお勧め。

## 諏訪城

朝来市山東町

### 手軽に山城を満喫

　ゴルフ場が造られた丘陵地の東端、比高25メートルの地に諏訪城があった。城の東側に獣よけのゲートがあるので、そこから登城。低い丘城だと甘く見ていると、山城としての遺構の残存状況に驚かされることになる。季節によって、やぶの程度差はあるものの、丘陵全体がまさに要塞(ようさい)と化していたことを知る。城の歴史は諸説あるのだが、見どころ満載の城である。

## 磯部氏館

朝来市山東町

### 見事な山城遺構を持つ館

　南東に突き出して国道9号を見下ろすような尾根先端に、竪堀が連なった「畝状竪堀群」の城がある。比高はあまりないが、城内に入った途端に広がる見事な山城遺構に感動する。天文年間(1532～55年)に築城された、山名氏一族の磯部豊次の城だという。そそり立つような切岸は近世城郭の高石垣のような迫力だ。麓の集落には豊次の墓がある。一礼して帰途につく。

## 天満氏館

朝来市山東町

### 神様となった城主

　与布土川西岸の楽音寺集落にある天満神社。背後の比高30メートルほどの裏山は、かつて城跡だった。寿永年間(1182～84年)に朝来郡郡司であった天満権守家衡が館を構えていた。境内の散策路を上がっていくと、曲輪がいくつかあり、堀切も見られる。家衡の霊をまつって築かれたのが天満神社だという。神社の歴史をひもとくのも面白い。

## 生野代官所

朝来市生野町

### 銀山経営のための城

　生野銀山は天文11（1542）年に山名祐豊が本格的に開発した。その後、織田、豊臣、徳川へと生野奉行が引き継がれ、銀山経営が行われた。享保元（1716）年に奉行が廃され代官所となり、代官領の民政、財政なども行った。播磨と但馬の国境にある生野銀山は、長きにわたり最重要地であった。かつては天守を有するほどの立派な城郭があったのだ。

## 生野城

朝来市生野町

### 播磨を狙う山名氏の要塞

　JR播但線「生野」駅の北東に標高約600メートルの山がそびえている。詳細は不明だが、応永年間（1394〜1428年）、ここに山名時熙が築城したとされる。生野は播磨と但馬の国境にあり、但馬の山名氏にとって最重要な戦略拠点であった。登ってみると険しさと高さを実感する。山上には何段にも連なる広い曲輪と石垣。威圧感は今もしっかり残っていた。

# 竹田城

朝来市竹田

check!

## 落城を記憶する「天空の城」

　標高354メートルの古城山山頂に今もなお壮大な石垣が残る、県内を代表する総石垣の山城である。多くの戦を経て何度も落城を経験したのは、この地が重要な拠点であったことの証し。晩秋には見事な雲海で「天空の城」として知られるが、城内に計算された複雑な動線と石垣の構造美もまた、実に見事。攻め込む気持ちで訪れたい。

　一気に観光客が押し寄せる人気スポットとなった竹田城。それによって城内の散策は定められたルートに限定され、行けない場所がいくつも出来た。大変残念だが、人気観光地に必要な安全措置だろう。行けないのはやむを得ないが、登り石垣や花屋敷、石造りの井戸などの位置や役割についてはじっくり考えたい。またいつか見ることができることを期待して。

## 立脇城（たちわき）

朝来市立脇

### 歴史が不明な小さな山城

　市立朝来中学校の西側、標高309メートルの山上に立脇城があった。中学校脇にある神社から斜めにまっすぐ延びた遊歩道が整備されている。尾根筋に到達し、北へ進路をとればすぐに城跡に着く。櫓台状の高まりがある主郭と周囲に小さな曲輪（くるわ）群。北には堀切で遮断した縄張り。城主は不明、歴史も不明である。市内には同様の城が多く眠っているのだろうか。

## 芳賀野城

朝来市和田山町

### 山中に見つかった新しい城

　和田山町の牧田から岡へと続く道の途中、芳賀野集落の南側に芳賀野城があった。2007年11月のニュースで、新城発見と注目されたのがこの城である。細い尾根上に長さ150メートルほどの距離に小さな曲輪（くるわ）が段々と続き、短い畝状竪堀群を数本、数えることができる。小ぶりな城だが、防御に注力している。但馬にはまだ誰も知らない山城があるかもしれない。

## 法道寺城

朝来市和田山町

### 土の城ファンは必見

　法道寺集落の南西、標高230メートルの山上に法道寺城があった。境内から登城道を上がっていくと、見事すぎる状態に感動する。東西約70メートルの長さの曲輪(くるわ)の周囲には高い土塁が巡らされ、横堀と堀切で堅牢に防御されているのが分かる。誰がいつ築城したのかは不明だが、構造から見て天正8(1580)年の羽柴秀吉の侵攻後に築城されたものか。一見の価値がある山城だ。

但馬

## 糸井陣屋

朝来市和田山町

### 形状、門が残る旗本陣屋

　寛文8(1668)年に京極高直が豊岡に移封した際、三男高門に2千石を分知し、糸井に京極陣屋が置かれた。代々幕府の要職を務めたことから、陣屋では国家老の黒沢氏が政務にあたった。明治期には小学校に、現在はこども園、歴史民俗資料館などが建てられているが、高台の上に石垣を持つ当時の様子は今も把握することができる。陣屋遺構として表門が残されている。

## 高田向山城

朝来市和田山町

check! ☐

### イラストを見て楽々散策

　円山川リバーサイドラインを走っていると、高田向山城のイラストが描かれた案内板が目に入る。城は段々と曲輪(くるわ)が続くシンプルな構造ながら、各段に石垣が積まれており見応えがある。南北朝期以来の地頭だった雑賀氏の居城と伝わる。隣接する丘に挟まれるようにして石垣造りの入り口を通過し、主郭へと登る。短時間で石垣の城が楽しめる。

---

## 筒江城

朝来市和田山町

check! ☐

### 防備が完備された館か

　筒江集落の西方に、南北約190メートルの小高い独立丘陵がある。遠目に見える印象と、城内に足を踏み入れた時とのギャップが素晴らしい筒江城だ。南北に大小二つの曲輪(くるわ)が堀切で分割され、周囲を一段低い曲輪が囲み、放射状に竪堀が見られる。館城と言われているが、歴史は不明である。戦乱に対応しながら生き延びようとする姿が浮かんでくる気がする。

## 土田陣屋 (はんだ)

朝来市和田山町

### 一千五百石の小さな陣屋跡

　延宝元(1673)年、出石藩主の小出英安は弟英直に一千五百石を分知し、土田に陣屋が築かれた。これにより出石藩の分家は倉見、大薮、山本と合わせて4家となった。本家は元禄9(1696)年に廃絶したが、分家は全て明治まで存続した。現在の陣屋跡は宅地となっており、周囲との高低差がない立地が興味深い。領民との距離感が近い陣屋だったのだろうか。

**但馬**

---

## 高生田城 (たこうだ)

朝来市和田山町

### 多様な堀を誇る山城

　高生田集落の背後にある高生田城は、集落に案内板や標識があり、とても散策しやすい。険しい斜面には手づくり感のある登城路が整備され、まさに地元が誇る城山だ。比高約130メートルの山頂部に達すると、時間を忘れるほど圧倒的な存在感の竪堀、堀切、すさまじい高さの切岸に出合う。室町から戦国期に、山名氏家臣の福富氏が改修を加えた土の城の芸術品がここにある。

## ◀ 茶すり山城 ▶　朝来市和田山町

### 城に再利用された古墳

　筒江集落の東に独立丘陵として存在する茶すり山古墳。5世紀前半に築かれた近畿地方最大の円墳で、「但馬の王墓」として知られる。しかし、実は中世に城として再利用されていたことが分かった。墳丘の中央に建物跡らしきものと、西側には柵列の跡が見つかったのだ。見晴らしのいい高台にある古墳は城として使うには最適だったのだろう。今も墳丘からの眺望は見事だ。

---

## ◀ 殿城 ▶　朝来市和田山町

### 殿のいた城

　竹田城の北西麓となる殿(との)集落に、比高約30メートルの丘陵がある。現在は外村神社妙見宮が立ち、参道を登るとすぐに城域となる。神社の周囲には土塁がよく残り、土塁囲いの曲輪(くるわ)だったようだ。背後には堀切が残る。築城時期や城主は不明。昌泰年間（898〜901年）、朝来郡郡司であった日下部安樹の屋敷があったことが地名の由来だという。どんな殿がいたのだろう。

## column

# 陣屋(2)

## 旗本陣屋

　藩の政庁施設としての大名陣屋とは異なり、旗本の拠点も陣屋と呼ばれる。次男、三男に所領を与えて扶持を分配するようなケースが多い。赤穂藩浅野家から3千石を分配された若狭野陣屋、出石藩小出家から2千石の倉見陣屋、一千五百石の大藪陣屋、一千石の水上陣屋などがそうである。石高に比例して小規模な構えであったと思われる。しかし意外と探してみると、陣屋や殿様の存在が地元に伝わっていたりするのが興味深い。但馬地域の旗本陣屋の場合は集落の中心地ではなく、奥の方にあり、ひっそりと暮らしていたのだろうかと想像をしながら痕跡をたどるのが面白い。

倉見陣屋

▶掲載している城◀

清富陣屋、糸井陣屋、大藪陣屋、倉見陣屋、土田陣屋、若狭野陣屋、水上陣屋

## 観音寺山砦

朝来市和田山町

### 竹田城北東防御の要

　竹田城の北東に連なる標高313メートルのピークに、小規模だが山城が存在する。主郭を中心に数段の曲輪（くるわ）と周囲に竪堀、横堀を構え、石垣も見られる。従来は竹田城北千畳の北から登ることができたが、残念ながら現在は通行禁止だ。縄張り図を見ると、竹田城南千畳から落ちる竪堀と対をなすように観音寺山砦にも大きな竪堀がある。竹田城と山麓居館を守る要なのだ。

## 村岡陣屋

香美町村岡区村岡

### 明治まで続いた山名家

　湯舟川と昆陽川の合流点の北東にそびえる尾白山。現在は山腹を利用した広大な御殿山公園がある。かつては山名氏による村岡藩陣屋が置かれていた。室町時代に絶大な勢力を誇っていた山名宗全。その子孫が六千七百石を拝領し、慶応4（1868）年にようやく一万一千石となり村岡藩を立藩。しかしその後、すぐに廃藩置県。天下に誇る山名家の悲哀がここにあった。

## 福西城

香美町村岡区村岡

### 学校建設で分かった城の姿

　湯舟川と谷入川とに挟まれ、北方へ延びる尾根先に福西城（福西砦）があった。学校の新校舎建設に先駆けた発掘調査では、3本の堀切で区切られた曲輪（くるわ）や建物の礎石も見つかるも、城の歴史は不明で興味深い。現在は県立村岡高校が立っている。同校は、この地に移転する以前は村岡陣屋の敷地にあった。城から城へと移転する学校史は極めてまれで、こちらも興味深い。

## 芦屋城

新温泉町芦屋

### 日本海を見渡す絶景スポット

　浜坂港の西方に切り立った絶壁のような城山に芦屋城があった。山名氏の家臣、塩冶（えんや）氏の居城と伝わっており、因幡との国境や海上交通を監視する役割を果たしていたのであろう。天正8（1580）年、羽柴秀吉による但馬攻めの際に落城した。現在は途中まで車で上がることができ、山頂までは歩きやすい道がある。広く見渡せる海の眺望はお勧め。

## 清富陣屋

新温泉町清富

### つかの間の大名陣屋

　二方郡(ふたかた)を領有していた宮城氏は芦屋に陣屋を構えていたが、寛永4(1627)年に清富に陣屋を移した。現在は相応峰寺の手前に、石碑と敷地跡を示す石垣が残されている。この地に陣屋を構えた宮城豊嗣は、加増されて1万3千石の所領となり諸侯に列する身となったが、寛永20(1643)年に死去。宮城氏は嗣子がなく断絶となり、所領は天領となった。

## 温泉城

新温泉町湯

### 温泉地にある山城

　湯村温泉を見下ろす標高338メートルの白毫山(びゃくごう)。山頂に、南北朝期に奈良氏によって築かれたという温泉城があった。険しい山だが、南側から回り込めば車でかなり上まで行ける。城内は尾根上に曲輪が段々と築かれており、斜面には堀がいくつも見られ、戦国期に改修を受けたことが分かる。下草を避けて季節を選べば興味深いお城だ。温泉とセットで楽しめる。

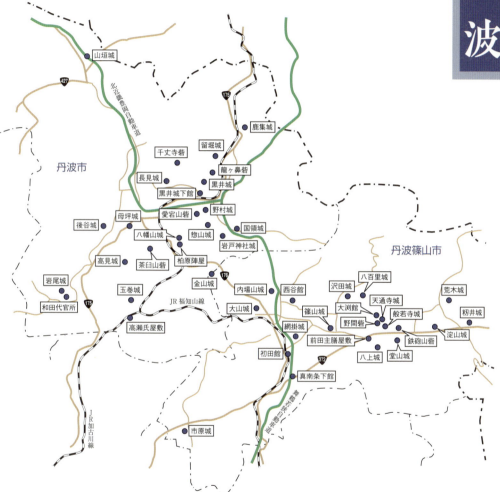

| 市原城 | 丹波篠山市今田町 |  |

## ご利益ある城跡

　丹波と播磨の国境近くの市原集落北部に頂部が平らになった、いかにも城跡らしい山がある。標高306メートルの山頂には城山稲荷が立ち、麓から参道の石段が続く。稲荷の名称の通り、小野原氏の居城が築かれていた。現在山頂には行きやすいが、往時をしのぶことは難しい。神社は豊穣(ほうじょう)、戦勝祈願、商売繁盛などのご利益があるという。参拝をお勧めする。

| 荒木城 | 丹波篠山市細工所 |  |

## 荒木鬼のいた城

　細工所集落の背後、標高404メートルの山上に荒木氏の居城が築かれていた。波多野氏に属して「丹波の荒木鬼」と恐れられた荒木氏綱（氏香）は、明智光秀の軍を撃退したことでも知られる。荒木城は広大な主郭が特徴的で、大きな堀切を経て西の尾根筋に長く曲輪(くるわ)が続く。織田軍との激闘を想像しながら城内を巡る。鬼と呼ばれた男のいた城はどの城も見応えがある。

## 初田館

丹波篠山市初田

### 初田酒井氏の館

　丹波篠山市南西部に勢力を広げていた酒井氏。浄福寺背後の山頂に本城である大沢城を築き、麓の初田に屋敷を構えていた。現在も東西2本の川に挟まれた地形として残る。屋敷跡には、最後の城主であった酒井勘四郎氏武をまつっていた「酒井神社」跡を示す石碑もある。長く地元で愛されてきたのだろう、夏場でもここだけはきれいに下草が刈られていた。

## 真南条下館

丹波篠山市真南条下

### 鼻かぎ名人の屋敷跡

　真南条下の田園風景の中に、高さ3メートルほどの土壇が見える。壇上には灯籠や小さなほこら、5基の五輪塔が並んでいる。所在が分からなくなったものを鼻で探し出す名人、助太郎の屋敷跡だという。殿様の刀も見つけ出し、その褒美で立派な屋敷を構えたという地元の民話である。「鼻の助太郎」は江戸時代に歌舞伎の脚本にもなったそうだ。たまにはこういう屋敷跡もいい。

## 網掛城 ▶ 丹波篠山市吹新

### 味方の備えを敵が再利用

　「長者屋敷」で知られるかやぶき屋根の建物裏から西側の尾根筋を登っていくと、標高252メートルの山上に城跡が残っていた。丸い曲輪を中心に同心円状に広がる縄張り。八上城の西の備えとして築かれた城だったが、天正3（1575）年に落城。その後、明智軍によって再築されて東方にある吹城攻めの際に利用されたのだ。八上城主波多野氏の動揺は想像に難くない。

---

## 八百里城 ▶ 丹波篠山市瀬利

### 神が鎮座した戦国山城

　八上城の北方約4キロの距離にある八百里城。神が鎮座する神奈備として崇敬されていた山中に築かれた。室町時代初期には丹波国守護細川氏の一族、細川満国・持春父子が城主だったが、波多野氏が守護代の頃には畑氏が城主を務め、八上城の支城となった。所々荒れているが、標高442メートルの山上に残る山城遺構が激しい戦の様子を想像させてくれる。いい城だ。

## 西谷館

丹波篠山市西谷

### 街道を見下ろす城主館

　西谷地区を東西に走る篠山街道から北に見える山上に、西谷城が築かれていた。街道近くには、この城を詰城とする居館、西谷館があった。比高15メートルほどの丘陵上に東西50メートル、南北30メートルほどの規模で遺構が良好に残る。城主は岡本丹後守信光で、城内に墓碑が立つ。平素は街道を見下ろす西谷館で暮らし、有事の際に山上の城にこもる想定だったのだろうか。

---

## 鉄砲山砦

丹波篠山市泉

### 合戦時の伝承が残る砦

　天正6（1578）年、織田軍によって八上城の周囲には多くの陣城が構築され、包囲網が完成した。鉄砲山砦は同時期に織田軍が築いた陣城の一つ。ここから鉄砲を撃ち放ったという伝承から「鉄砲山」という名が付いたという。比高約30メートルの丘陵地で古墳を利用したもの。直線距離で八上城までは約2.5キロ。どう活躍したのだろうか、興味が尽きない。

| 堂山城 | 丹波篠山市曽地口 | check!  |

## 構造から使い道を考える

　八上城の東方約2キロの距離に小さな丘陵がある。山頂には50メートル四方ほどの砦(とりで)が築かれている。詳細は不明だが、八上城攻めの織田軍の砦だと思われる。しかし構造を見ると、八上城側に出入り口があり、もともとは波多野氏の街道守備のためだったのかと考えさせられる。小さい規模ながら、戦乱の中で敵方の砦を再利用した痕跡が残っているということか。興味深い。

| 大山城 | 丹波篠山市大山下 | check!  |

## 丘陵上に残る荘園地頭の城

　大山川が篠山川と合流する場所の丘陵上にあった大山城。崖状の地形で、曲輪(くるわ)と大山川との高低差がはっきり残っているのは素晴らしい。と言っても城跡の大部分は田んぼや畑地となっており、当時の規模をイメージするのは難しい。城主は大山荘の地頭であった中沢氏。丹波では貴重な平地の城跡で、夏場でも空堀や土塁、曲輪などの残された一部を楽しめる。

# 大渕館

丹波篠山市大渕

## 県指定の土塁拝見

　南北に流れる畑川の西方、水田の中に大渕館がある。別名「土居の内」というが、現地を見れば納得だ。天正期に畑左近允能綱（よしつな）や畑弾正守広の館があったという。高さ約2メートル、底幅約5メートルの土塁が屋敷を囲み、南側には幅約7メートルの堀跡が今も見ることができる。土塁に囲まれた屋敷、土居の内である。現在は民家が立っているため、十分配慮して散策したい。

丹波

# 沢田城

丹波篠山市沢田

## 篠山盆地内の丘城

　篠山城の北東約1.2キロの距離にある小林寺。その背後の丘陵が沢田城だ。波多野氏の家臣、小林近江守長任の居城として築かれたこの城へは、同寺の境内を通って登城する。歩きやすい道があり、すぐに主郭に着く。立派な城跡の碑が建てられ、曲輪（くるわ）や堀も残り、コンパクトだが見ごたえある城だ。明智光秀が攻めてくるまで、篠山盆地を守る一端を担っていたのだ。

| ◀ 金山城 ▶ | 丹波篠山市追入、丹波市柏原町 |  |

## 登山の疲れも吹き飛ぶ絶景

　丹波篠山市と丹波市の境界上にある金山城は、天正6 (1578) 年に明智光秀によって築城された。信長より丹波攻めを命じされた光秀は、街道交通を押さえ、八上城と黒井城の連携を分断する意図があったという。標高540メートルの山頂から両城がよく見える。丹波国を俯瞰する眺望は最高だ。城内には鬼の架け橋と呼ばれる巨岩もあり、見どころの一つ。

| ◀ 淀山城 ▶ | 丹波篠山市辻 |  |

## 波々伯部氏の本城

　京街道を北側から見下ろせる位置に波々伯部氏の本城、淀山城があった。南北朝期、足利尊氏に属していた波々伯部為光が築城したとされる。やがて波多野氏に従うようになり、八上城の東側守備を担う城となったのだろう。比高約50メートルの淀山城は気軽に散策できる高さだが、横堀や竪堀、井戸跡がよく残り、城全体の構造がイメージしやすくてお勧めだ。

## 内場山城

丹波篠山市東木之部

### 山が大きく削られた城

　内場氏や山名豊恒が居城にしたという内場山城は、舞鶴若狭自動車道の西紀サービスエリアのすぐ北の西沿いに位置する。昭和60（1985）年の高速道路建設に伴い、山の東側半分を削られてしまっている。その際に発掘調査が実施され、築城年代や遺構の改修状況が分かった。現在は神社の参道を上がれば城の遺構を見ることができ、帯状曲輪(くる わ)も確認できる。

## 八上城

丹波篠山市八上

### 波多野氏の巨大要塞

　丹波富士と呼ばれる標高459メートルの高城山山上に、波多野氏の居城八上城がある。東西に走る街道をにらむ絶好の位置で、数々の戦を経て規模が大きくなったが、天正7（1579）年に明智光秀の攻撃によって落城した。しかし、今も戦う城の雰囲気は残っているようだ。石垣が残る主郭からの見晴らしもよく、周囲の支城や敵の動向がよく見える気がする。

# もっとDeepな
## お城巡りへ

# 丹波篠山の国衆の城

　丹波篠山市には、100を超える中世の城跡が数えられています。市内の各地には、それぞれ国衆が居城を構え、周辺には一族や家臣らを配置した支城が点在していました。小野原氏、山名氏、酒井氏、畑氏、中澤氏、細見氏、大芋党、荒木氏、籾井氏、波々伯部氏、波多野氏など多くの勢力がそれぞれの城を築いていたのですから、その数が多いことも納得できます。

　さらには天正4（1576）年から始まった、織田信長の命を受けた明智光秀による丹波攻略において、激しい戦いが繰り広げられ、次第に織田軍によって攻め滅ぼされていきます。またその際に織田軍は戦のための陣城を多く築いており、それらもこの地域に多くの城が築かれた要因となっています。

　大部分が山城であることもあり、遺構も良好に残されている丹波篠山の城。季節を選んで何度も足を運びたい地域です。

❶ 大渕館：とても羨ましい・・！（P183）
❷ 八上城：はりつけの松跡がとても気になる（P185）
❸ 籾井城：立派すぎる「籾城公園」の碑の存在感（P189）
❹ 内場山城：半壊したこの城は想像で補おう（P185）
❺ 大山城：地形をうまく活用されているとわかる（P182）
❻ 市原城：城跡というよりも城山稲荷にお参り（P178）
❼ 淀山城：誰かに言いたい、波々伯部（ほうかべ）氏のお城（P184）
❽ 荒木城：丹波の赤鬼、青鬼のほかに「荒木鬼」がいた！（P178）
❾ 初田館：綺麗に整備されていることに感動（P179）
❿ 沢田城：お寺の裏山に見事なお城が残る！（P183）
⓫ 網掛城：願わくば、もうちょっと眺望が欲しい城（P180）
⓬ 西谷館：街道を見下ろせるいい物件（P181）
⓭ 八百里城：城主畑氏の勢力を想像できる立派な城（P180）

## 前田主膳屋敷

丹波篠山市八上

### 波多野氏以後の八上城

　八上城の登城口である春日神社を過ぎると、「主膳屋敷跡」の碑が見えてくる。慶長7 (1602) 年、前田茂勝が五万石で八上城に移封された際、麓に屋敷を構えたのだ。元は石垣で囲われていたが、篠山城築城の際に転用されたという。波多野氏の城として知られる八上城だが、その後も政治の中心として存在していた。しばし足を止めて広大な空間を感じ取ってほしい。

## 般若寺城

丹波篠山市般若寺

### 八上城攻めの光秀本陣

　篠山川の北岸、正覚寺の裏山に般若寺城があった。天正6 (1578) 年、織田信長から丹波攻めの命を受けた明智光秀が、八上城攻略のために築いた城だ。八上城は篠山川を挟んで南方約1.8キロの距離。光秀は般若寺城を拠点として、八上城包囲網を形成していったのだろう。しかし、八上城からは常に見下ろされる位置にある。それも計算された築城なのだろうか。

## 天通寺城 丹波篠山市般若寺

### 十字架が立てられていた城

　八上城の北方約1.8キロの山上に、天正期(1573～93年)に築かれた陣城とされる山城遺構がある。慶長9(1604)年には、八上城主前田茂勝の家臣奥村宗旦によってキリスト教の寺、天通寺が建立された。同寺は日本三大切支丹寺に数えられ、山上には十字架が立てられたという。徳川幕府による禁教令が発布するまでの間、ここは異文化交流の場所だったのだ。

丹波

---

## 籾井城 丹波篠山市福住

### 青鬼がいた山城

　南麓を籾井川が流れる標高約390メートルの白尾山。東、南の街道を監視するような交通の要衝となる山頂に籾井氏の居城、籾井城があった。ふもとの寺の脇から登城道があり、山頂部には堀切、曲輪(くるわ)がとても見やすく残っている。波多野氏に味方して織田軍に攻め滅ぼされた籾井氏だが、赤井直正の赤鬼と並んで、青鬼と呼ばれて恐れられたという伝承が残っている。

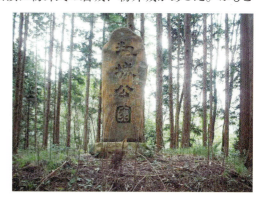

# 篠山城

丹波篠山市北新町

## 西国を睨む徳川の城

　篠山城は慶長14（1609）年、徳川家康の命によって築城された。西日本諸国の大名が築城に携わった天下普請の城として知られる。本丸南東隅に天守台が造られたが、天守は造られなかった。現在は、二

の丸御殿大書院が城のシンボルとして美しい姿を見せてくれている。城下町のにぎわいとともに今なお、整備が進む篠山城。訪れるたびに新たな発見がある。

　秀吉亡き後の豊臣家は一大名に転落したとはいえ、堅固な大坂城と秀頼が健在、その憂いを断つため大坂城を包囲するように新たな城が築かれた。篠山城もその一角を担っており、諸大名が集められ石垣を築いた。その痕跡が城内に様々な刻印として残る。また、本丸・三の丸・外堀の北東隅を屈曲させ、徹底した鬼門除けを行っている。築城時の強い思いを感じる。

## 野間砦(どりで)

丹波篠山市野間

### 八上城攻めの小さな里山

　天正6(1578)年から始まった明智光秀による八上城攻めは、城の周囲に包囲網を築き徹底した兵糧攻めが実施された。野間砦もその包囲網の一端を担う陣城とされ、篠山川を挟んで八上城の北方を固める包囲ライン上にある。比高20メートルほどの丘陵は公園化の途中なのか、地形がよく分かる状態だ。今後は陣城の雰囲気を生かした里山公園になるのだろうか。注目したい。

---

## 岩尾城

丹波市山南町

### 一部が総石垣の城

　丹波市立和田小学校の裏山、標高358メートルの岩尾城。山道を登っていくと中世山城の遺構がよく残る。山中には立派な井戸もあり、現在も水がたまっていることに驚く。頂上に到達するとそれまでの雰囲気が一変した。南北50メートル、東西40メートルほどの中心部に近世の城のように石垣が所狭しと積まれている。まるで中世と近世の山城が混然となった岩尾城。ぜひとも一度、見ていただきたい。

| 玉巻城 | 丹波市山南町 | check!  |

## 久下氏十六代の城か

　JR福知山線「谷川」駅西の線路を横断すると、玉巻城の案内板が飛び込んでくる。矢印が示す先は標高241メートルの八幡山、山頂に玉巻城（久下城とも）がある。城主は丹波守護代であった久下氏。見応えある遺構を期待するも、登城道はなく緩斜面を登っていくことになる。山上には堀切や石積みがあるが、300年以上続いたという城の歴史を感じ取るのは難しい。

| 高瀬氏屋敷 | 丹波市山南町 | check!  |

## 狐がいたという屋敷

　JR加古川線の「久下村」駅から北東へ約800メートル、川代恐竜街道南側の高台上に高瀬氏の屋敷があったという。規模は36メートル四方で、以前は堀もあり、東口に門柱が2本残っていたとか。現在は当時の痕跡は残っておらず、本丸稲荷が立つ。実はこの屋敷の主は吉之丞（きちのじょう）という狐であったという伝承もある。狐がいたという屋敷に本丸稲荷があるのは興味深い。

## 和田代官所

丹波市山南町和田

### 丹波七千石の旗本領

　慶安3（1650）年に跡継ぎがなく廃藩となった織田家柏原藩。その所領は幕府領となった。その後、天和2（1682）年より水野忠増が丹波に所領を得て、和田に代官所を置くこととなり、江戸から重臣が1〜2名派遣されたという。丹波国には数多くの旗本領の所領が細かく存在していた。現在も跡地が伝わる和田代官所は貴重な歴史資産である。

---

## 留堀城（とんぼり）

丹波市市島町

### 黒井城北方の拠点

　黒井の北方約2キロの低い丘陵地に、黒井城主の荻野秋清の居館、留堀城があった。高い土塁や深い堀があったとされるが、今は城跡に地元のコミュニティーセンターなどが立ち、往時の様子を想像することは難しい。また黒井城との距離を考えると、どう連携できていたのだろうかと考えさせられる。現地で感じる疑問がさらに歴史へ興味をかきたてる。

## column

# 〖代官所〗

　小藩の大名や旗本の拠点としての陣屋以外に、幕府から派遣された代官の支配拠点も陣屋と呼ばれることがある。朝来市の生野銀山にあった生野代官所や、猪名川町の多田銅銀山にあった代官所などは最たるものである。時の支配者にとって非常に重要な収入源であり、直接管理すべき拠点であった証といえる。つまり当時はかなりの堅固な城郭さながらな構造であったことも想像に難くない。

　また、藩の所領であったところが没収なり廃藩となったがために幕府の管理するところとなり、代官が派遣された場合もある。ただこの場合は遺構が残っているケースがなく、名称や場所だけが現在に伝わっているということが通常である。遺構が残っていない理由は、近代の生活のために再開発が必要となる平地にあったことなのではないかと思われる。

多田銀銅山代官所

▶掲載している城◀

多田銀銅山代官所、和田代官所、生野代官所、三木陣屋、須賀代官屋敷

## 鹿集城 （かたかり）

丹波市市島町

### 鹿集荘地頭の館

　JR福知山線「市島」駅から北東へ約1.3キロの距離にある丹波市立市島中学校。竹田川東岸の丘陵上に立ち、いかにも城跡らしい雰囲気を感じる。鎌倉時代に源範頼の次男、吉見資重（ともしげ）が氷上郡鹿集の庄の地頭職に任ぜられ、この地に館を構えたという。城は戦国時代まで存在していたが、遺構は不明。城跡の碑や城の案内板が中学校の北門脇に置かれている。

## 野村城

丹波市春日町

### 開発を免れた平地の城跡

　野村城は、黒井城を北に望む田んぼの中に残る平地城館である。野村氏の館として、天正期まで存在していたという。道路や農地の整備等によりかなり破壊されているとはいえ、平地にありながら東西50メートル、南北50メートルほどの規模で、コの字状の土塁が巡っているのが分かる。また南北には堀跡も見られ、現在も城跡である痕跡が残ることに感謝したい。

## 国領城

丹波市春日町

### 街道に面した平城の遺構

　国領集落の中央部に字名「城の内」があり、現在は流泉寺が立つ。寺の前で道路が折れていることが気になれば、かなりの歴史通だ。寺の南面、西面に土塁が見られる。赤井幸家(よしいえ)の下屋敷であった国領城の痕跡である。幸家は病に倒れた兄直正に代わって黒井城を守ったが、天正7（1579）年に落城、その後、国領城も落城した。境内には幸家の墓が残る。

---

## 黒井城下館

丹波市春日町

### 春日局生誕の城

　黒井城の南麓の興禅寺は黒井城の下館跡に立つ。平時に城主がいた場所である。天正7（1579）年、城を攻め落とした明智光秀は、重臣斎藤利三に統治を委ねた。その頃に誕生したとされるのが利三の娘お福、のちの春日局である。水堀と石垣がお城らしい雰囲気を感じさせる寺。黒井城登山で疲れた体をクールダウンさせつつ、幼少期の春日局をしのびたい。

# 黒井城

丹波市春日町

## 赤井直正が見た景色を満喫

JR福知山線「黒井」駅から北へ約1キロ、黒井小学校の脇を抜けた先に黒井城の登城口がある。麓から見上げると山上に残る石垣が確認できるため、早く登りたいという衝動に駆られる。古くは南北朝
期に赤松氏に築城されたというが、戦国期に赤井（荻野）直正の居城であったことは有名だろう。登りはゆっくりでもいい、とにかく360度の景色を堪能してほしい。

登城ルートはゆるやかコースと急坂コースがある。大変さはその名の通り。赤門まで来れば山頂はもうすぐだ。山頂部に残る石垣と360度の眺望は疲れが吹き飛ぶ。もしまだ余裕がある方は本丸の北西部にあたる西の丸をお勧めする。石垣の本丸とは違い、土塁や横堀、堀切といった土の城の遺構が良好に見ることができる。まったく別の城を訪れている感覚となる。

## 黒井城攻め巡り

　天正3（1575）年、織田信長によって丹波攻めを命じられた明智光秀は、丹波衆の多くを味方に引き入れ、荻野直正の籠る黒井城を包囲し、周囲に陣城を構築しました。織田方優位で進められていた合戦でしたが、突然の波多野氏の裏切りにより、退却を余儀なくされます。その後同5（1577）年に、再び丹波攻略を始めた光秀は、まずは多紀郡内の諸城を順次攻略しながら丹波国内を侵攻。黒井城攻略の前に波多野氏の籠る八上城攻めに着手、荻野氏と波多野氏の連携を阻止すべく、金山城を築いて睨みを効かせながら八上城を攻め落としました。

　同7（1579）年、光秀はいよいよ黒井城攻略に取り掛かりました。すでに波多野氏などの味方もなく、また多くの支城も落城し、猛将で知られる荻野直正もすでに病に倒れており、勢いに勝る織田軍の攻撃を抑えることはできず、落城。ここに光秀の丹波攻めが完了となりました。

　黒井城の周辺には、多くの陣城や関連城跡が残っており、狭い範囲の中に驚くほど多くの城があったことを体感することができます。

❶ 国領城：平城ながら見応えは十分（P196）
❷ 黒井城：文句なしの大要塞（P197）
❸ 留堀城：往時はどういう役割だったのか（P193）
❹ 黒井城下館：お寺の外観が城そのものに見える（P196）
❺ 千丈寺砦：黒井城の西側の見張り役か？（P201）
❻ 龍ヶ鼻砦：黒井城の東方に段々の郭あり（P200）
❼ 八幡山城：しっかり城跡を感じられる（P204）
❽ 長見城：一目で城跡とわかる状態の良さ（P200）
❾ 愛宕山砦：黒井城と相対する位置に惹かれる（P201）
❿ 岩戸神社城：小規模ながら遺構がよく残る（P202）
⓫ 惣山城：階段で頂部まで行けるのはありがたい（P202）
⓬ 金山城：山上から黒井城と八上城を確認したい（P184）

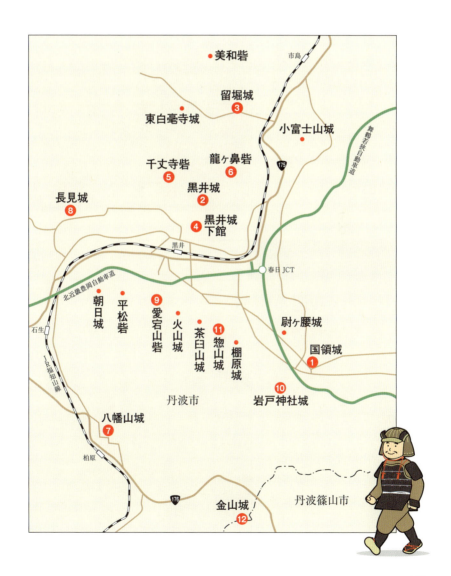

## 龍ヶ鼻砦

丹波市春日町

### 黒井城の東側の出城

　猪ノ口山上に築かれた黒井城は見事な眺望と石垣で知られるが、尾根続きの各ピークには出城が築かれ、巨大な要塞のような構造となっている。北東方面に約1キロ先にあるのが龍ヶ鼻砦だ。本丸から西の丸を経由した尾根筋の先に、標高284メートルの曲輪が東西約50メートルにわたって半円状に数段築かれている。黒井城の規模は実際に歩いてみて実感できる。

## 長見城

丹波市春日町

### 妄想しながら巡る山城

　黒井城から西へ約3キロの長王地区にある長見城。楯縫神社が立つ尾根を北へ登っていくと、すぐに城域となる。東西30メートル、南北50メートルの範囲に、土塁や曲輪がよく残っている。堀切で大きく尾根を断ち切っているのも見ごたえ十分だ。城の位置から考えて、黒井城の西方面の出城だったのか。一切不明だが、現地を訪れて妄想を広げるのも楽しい。

## 千丈寺砦

丹波市春日町

### 黒井城の西側の出城

　標高356メートルの猪ノ口山の頂上部に築かれた黒井城は、その周囲に連なる尾根先の要所に出城を設け、それらが連携して鉄壁を構成する。黒井城本丸の北西方面約1キロの距離にある千丈寺砦は出城群の一つ。標高347メートルの千丈寺山の山頂にあり、約30メートル四方の曲輪(くるわ)には南側に土塁が築かれる。西方監視を担う役割だろうか。黒井城の壮大なスケールを改めて体感できる。

## 愛宕山砦(あたご)

丹波市春日町

### 黒井城を眺めるならここ

　黒井城の南方約2キロの丘陵上に愛宕山砦があった。登城道がよく整備されており、比高約30メートルの尾根上に簡単に到達できる。城域となる50メートルの尾根中央に堀切があり、城跡の雰囲気もよく残る。北端の一段高い曲輪(くるわ)に立つと黒井城を正面から望むことができ、最高のロケーションだ。展望台やブランコもあり、身近に里山を楽しめる場所になっているのもいい。

## 岩戸神社城　丹波市春日町

### 神社背後に残る小城

　黒井城の南東約4.7キロの距離にある岩戸神社。神社脇から西方に登った尾根の先に山城があった。およそ50メートル四方の範囲の中に三段の曲輪(くるわ)が築かれ、堀切や竪堀が大変見やすい。明智軍が城主の長谷刑部を追い落としたと伝わることから、赤井方による篠山方面の街道監視の陣城だったものが、明智軍に奪取されたのだろうか。小規模だが見ごたえのある山城だ。

## 惣山城　丹波市春日町

### 神社の階段で楽々登城

　黒井城南方約2.6キロの距離にある比高50メートルほどの独立丘陵上に、明智軍による黒井城攻めの陣城、惣山城が築かれた。西側から神社参道の石段を登っていけば山頂に着く。南北50メートルの削平地があるが、近代になってから改修が加わったのかもしれない。しかし斜面には曲輪(くるわ)や竪堀があり、城跡だとわかる。それにしても周囲は陣城が密状態。黒井城本丸から見下ろしたい。

## ◀ 山垣城 ▶　　丹波市青垣町　

### 但馬との国境警護の城

　山垣城は承元3（1209）年、氷上郡佐治荘の地頭に任ぜられた足立氏が築いたのが始まりである。但馬との国境付近にあり、戦国末期には赤井直正に属して、境目の城としての役割を果たしていたであろう。山上はこぢんまりとしているが、尾根上には整然と曲輪(くるわ)が続き、二重堀切も大変見やすい。付近には足立一族の城が連携するように存在する。

---

## ▎柏原陣屋　　丹波市柏原町　

### 織田家の陣屋町を満喫

　柏原藩は、慶長3（1598）年に織田信包が入封するも、三代信勝の後継ぎがなく廃藩。その後、元禄8（1695）年に織田信休が再興し、明治まで藩政を続けた。現在も当時の町割りがよく残り、歴史が感じられる。陣屋の長屋門、再現された表御殿は大名陣屋を学べる貴重な遺産だ。特に桧皮葺唐破風(ひわだぶきからはふ)と千鳥破風を持つ玄関の構造は素晴らしい。

## 八幡山城

丹波市柏原町

### 丹波攻めの橋頭堡

　織田信長の命を受けて丹波攻略を進める明智光秀は、天正6（1578）年に柏原八幡宮を壊し城を築いた。黒井城をはじめとする西丹波地域を制圧した翌年、城は役割を終えたようだ。同10（1582）年には堀尾吉晴が社殿を再建している。現在、神社境内を散策してみると、堀切や曲輪などの名残がよく残る。丹波攻め完遂を目指す光秀に思いをはせる。

## 茶臼山砦

丹波市柏原町

### 高見城攻めの陣城か

　天正7（1579）年、ようやく八上城、黒井城を攻め落とした明智光秀。いよいよ丹波攻略も大詰め、赤井忠家がこもる高見城を包囲。城の東方約2.2キロの比高40メートルほどの丘陵地が、明智軍の陣城だという。丘陵北部に立つ神社への参道を上がり、南の尾根筋に登ってみると曲輪跡が残っていた。造りは堅固ではないが、大勢が決した状況下ではこれで十分だったか。

## 母坪城

丹波市柏原町、氷上町

### 水運の要衝を押さえる城

　加古川と柏原川が合流する地点のすぐ東、南北に延びる丘陵上に母坪城があった。城の北側を柏原川がぐるりと巻くように流れており、城地とするには絶好の場所だ。古くは高見城の支城として、その後は後谷城の赤井氏に属して、何度も戦場となったという。最後は天正7（1579）年の明智軍の攻撃により落城。今は何段かの曲輪と堀切が城跡を伝えている。

## 後谷城

丹波市氷上町

### 赤井氏の本拠地

　丹波市南西部にある標高約550メートルを誇る白山。現在その東麓には白山神社が立っているが、ここには赤井氏の本拠地である後谷城が築かれていた。一豪族であった同氏が丹波国内に巨大な勢力を持ち、やがて黒井城城主となった赤井直正を輩出したのである。境内には高い土塁や空堀、削平地など居館跡の痕跡がよく残っている。昼間でも薄暗く、独特の雰囲気が漂う。

# 高見城

丹波市氷上町、丹波市柏原町

## 丹波一の大城郭群

　標高485メートルの高見城山は柏原町と氷上町との境にあり、山頂に城の主郭がある。南北朝期に丹波守護の仁木氏の居城として築城。以後、この地を支配する者が入れ替わり、城は改修を重ねた。現在も山中の広範囲にわたって遺構が残り、それら全体の範囲を考えると丹波一の大城郭になるほど。ただシンプルに山上の素晴らしい眺望だけでも、お勧めの城だ。

## 勝間城　　洲本市金屋

### 舌状台地先端に残る城

　洲本市金屋の最西部、舌状台地の先端に人知れず城跡が残っていた。南方の間近まで新しい住宅が立ち並んでいるが、城域に足を踏み入れると堀切があり、その先でL字状の土塁を持つ曲輪(くるわ)を見つける。勝間城の歴史は不明だが、何度も戦があったとされる。周辺の字名に城に関連した名称があることから、規模の大きな城の姿が浮かぶ。想像で楽しもう。

## 白巣城　　洲本市五色町

### 淡路の要塞無双の城

　淡路国人の中で最大勢力であった安宅(あたぎ)氏。淡路各地に築いた城は「安宅八家衆」の城と称され、白巣城もその一つである。標高約320メートルの山上に、地形をうまく利用して築かれており、遠く大阪湾や播磨灘を監視するには最適だ。歴史については不明なことが多いが、土塁や堀切など良好に残る山城遺構と周囲への眺望は必見。車で上がれるのもありがたい。

## 霞台場

洲本市大浜海岸

### 海水浴場の脇にあった台場

　幕末から明治初期、外国船の脅威に備えるために海防台場が全国に築かれた。淡路では岩屋と由良に集中して築造されたが、洲本でも炬口(たけのくち)台場、霞台場の2カ所が文久3（1863）年に完成。洲本城代の稲田植誠(たねのぶ)が築造した霞台場は大浜海岸の南東にあり、北東に向けて砲座が3門配置された。今は跡形もなく、ただ穏やかな波が打ち寄せる。

## ◀ 洲本城（下の城）▶

洲本市山手

### 蜂須賀家統治の洲本城

　大坂夏の陣の功績により、阿波の蜂須賀氏が淡路を加増され、家老稲田氏による淡路統治が始まる。寛永8（1631）年ごろに由良(ゆら)城から洲本城への移転（由良引け）が始まり、稲田氏は洲本城の北に城館（下の城）を整備し、同時に城下町も建設。現在も石垣や水堀の一部がよく残る。また御殿の一部である金天閣が、洲本八幡神社境内に移築されているのはうれしい。

## ◀洲本城（上の城）▶ 　洲本市小路谷　

### 圧倒的な石垣の迫力

　洲本市街に入ると、三熊山の山上に築かれた洲本城の天守が見えてくる。昭和3（1928）年に築造された日本最古の模擬天守は洲本城（上の城）の顔だ。山上に登ると安宅（あたぎ）氏が築いた水軍の城としての眺望と、仙石秀久や脇坂安治らによって改修された本格的な近世城郭としての縄張りや石垣に、ただ感動するばかり。よく見れば、場所によって石垣の時代差が感じ取れる。

　洲本城では、実に様々な石垣を見ることができる。山頂の馬屋跡に車を停めて本丸を目指すのもいいのだが、城内くまなく散策してほしい。近年の樹木管理によって大きく視界が広がった東の丸。ここでは洲本城の特徴でもある登り石垣がよく観察できる。段々状に急こう配を登っているかのように構築されている。東西二本の登り石垣が山上と麓の城を結ぶ防衛ラインである。

# column

# 【 移築門 】

　明治期まで残った近世城郭の場合、建造物を解体される際に移築して再利用されるものがある。洲本城（下の城）の御殿の一部が移築され、現在は洲本神社の境内に金天閣として残されているのがその例である。さすがに御殿や櫓となるとレアケースとなるが、意外と多いのが城門である。お寺や神社に移築され、何度か修復や改変があったかもしれないが、貴重な城の現存建造物としてお城ファンにとっては堪らない撮影対象となるのである。例えば、龍野城の場合は、市内に4カ所の移築門がある。一つのお城で複数の移築門があるのは全国的にも稀であるが、よくぞ残ってくれたものだと感謝したい。

　しかしその一方で、移築門と伝わるも本当に移築された門であるのかが怪しいものもある。どことは言わないがたどっていくと、地元の人が言い出したが根拠は不明ということもあった。移築された現存建造物を拝めることは大変ありがたいことだが、本当にそうなのかは疑ってみることも必要かもしれない。

龍野城の移築門

# もっとDeepなお城巡りへ

## 淡路の海防拠点を巡る

　淡路島に伝わる城跡は100カ所余りありますが、遺構もなく、宅地や田畑となってしまっているものも多くあります。そんな中で洲本城など有名な城はありますが、一般的に知られている城はかなり限られていると言えます。しかし、淡路島ならではの城が幕末近くに多く築城されていたのです。

　ペリーの黒船来航や大阪湾にやってきたロシアのディアナ号など、諸外国の船の脅威に備えるため、幕府は全国の諸藩に海岸沿いに大砲を備える台場築造を命じました。淡路島は大阪湾の入り口である紀淡海峡と明石海峡を抑える要地として重視され、安政元年（1854）に築造が進められました。

　紀淡海峡の備えとして、由良の成ケ島の南端に高崎台場が、明石海峡の備えとして、松帆台場が築かれ、土塁や石垣を用いた本格的な台場が完成されました。またそれら付近にも幾つかの台場が順次築かれていきました。さらに、洲本にも炬口台場や霞台場が築かれ、淡路島は海防要塞と化したのです。

❶ 炬口台場：住宅地に残る石垣と土塁に大満足（P216）
❷ 六本松台場：草で分かりにくいが石垣を探そう（P214）
❸ 松帆台場：台場の土塁の上に泊まれる贅沢な体験（P224）
❹ 高崎台場：干潮時に現れる白い石垣は圧巻！（P215）
❺ 霞台場：そこにあったと海を眺めるだけ（P209）

## 六本松台場

洲本市由良町

### 成ヶ島から紀淡海峡防備

　幕末に外国船に備えるため全国規模で築造された台場。淡路島には、大阪湾防備の重要な拠点として数多くが築かれた。由良地域では高崎台場、生石（おいし）台場とともに六本松（白浜、オランダとも）台場がある。成ケ島の中ほどに、東向きに築かれた五角形の形状は、堤防や遊歩道整備で崩れているものの、背後の石垣とその上の土塁が面影を伝える。

## 由良城

洲本市由良町

### 池田家統治の中心地

　由良港から東へ約200メートル離れた成ヶ島の北端にある成山。慶長18（1613）年に池田忠雄が由良城を築城、池田氏による淡路島統治の中心地とした。やがて「由良引け」で知られる洲本への移転により、城は荒廃。さらに陸続きだった成山が、港拡大のための水路開削で離島となる。後の高崎台場築造時には再び石垣を利用、廃城後の改変が目まぐるしい城である。

# 高崎台場

洲本市由良町

## 紀淡海峡を守る海上要塞

阿波徳島藩は幕府の命によって安政元(1854)年、海防のために台場を築造していく。由良地区では成ケ島の南端に南北370メートル、東西100メートルほどの高崎台場が完成、紀淡海峡防備の一翼を担った。明治31(1898)年には近代要塞が築かれた。幕末期の遺構の大部分は破壊されたが、現在も海上要塞としての威厳は損なわれていない。現地訪問を強くお勧めする。

洲本市の由良港から渡船で約2分で成ケ島に上陸。そこから約2キロの距離を歩いていけば高崎台場にたどり着く。事前に調べておいて干潮時に訪れることをお勧めする。普段は海中にある石垣が美しい姿を見せてくれるからだ。また周囲を散策できるのも干潮時の特権。由良城の石垣を再利用したのかと思われる刻印のある石材を見つけることもできる。ワクワクが止まらない。

## 炬口台場

洲本市炬口

### わずかに残る海防の石垣

　徳島藩が治める淡路島には、幕末の台場築造において主に明石海峡と紀淡海峡を押さえる目的で築かれたが、この炬口台場は文久3（1863）年、徳島藩主の命により洲本城城代の稲田氏が築造し、その守備も任されていた。現在も民家の脇に台場の石垣を見ることができる。東の海上を進む外国船に向けて6カ所の砲座が造られ、台場の背後には洋式の練兵場もあったという。

## 炬口城

洲本市炬口

### 高い土塁に囲まれた城が完存

　永正16（1519）年、淡路守護の細川氏が阿波の三好氏に滅ぼされた後、淡路島は在地の国人勢力が台頭する戦国時代へ。淡路国人の中で最大勢力を誇ったのが安宅（あたぎ）氏で、炬口城はその拠点の一つである。標高96メートルの万歳山に登り、高い土塁に囲まれた城内に足を踏み込むと、戦国時代に迷い込んだような錯覚に陥る。下草の少ない季節に訪れたいお勧めの城だ。

# column

# 台場

　台場と聞くと、東京にあるお台場がまずイメージされるかもしれない。が、それは決して間違いではない。嘉永6（1853）年のペリー来航によって、海防強化の為に東京に品川台場が築造され、それが今のお台場である。

　兵庫県内にも、幕府の命を受けて沿岸部に多くの台場・砲台が築かれた。ここでいう台場とは大砲を備えた砲台のことである。その形状は時期や藩の規模によって様々であり、平坦な郭を設けたものから、土塁や石垣によって防備を強化したもの、そして造りや石堡塔と呼ばれる立派な砲台が残るものもある。いずれも外敵に対して防備を備えた施設として、お城として扱っている。

　中でも前述した石堡塔は、和田岬砲台、西宮砲台の2カ所が残り国史跡の指定を受けており、国内でも他に類を見ない貴重な歴史資産である。

高崎台場

▶ 掲載している城 ◀

天神鼻、舞子、瀬戸奥面、炬口、六本松、松帆、高崎、霞、唐船、古宮、高砂向島、飾磨、室津、福泊、西宮、今津、和田岬、湊川崎

## 阿那賀城

南あわじ市阿那賀

### 淡路武田氏の居城跡

　阿那賀漁港のすぐそば、西方へ突き出した小さな丘陵上に阿那賀城があったという。応永年間（1394～1428年）の頃、武田山城守久忠が初代城主として築城したようだ。武田氏がどうやってこの地にやってきたのか、非常に興味をそそられるが、詳細は不明。以後、国人衆として活躍したのだろう。天正9（1581）年、羽柴秀吉の淡路侵攻によって滅亡したとされる。

---

## 郷殿城（ごうどの）

南あわじ市阿万塩屋町

### 地元に愛された郷殿はん

　阿万塩屋町地区の東端、塩屋川に守られているような丘陵上に郷丹後守の居城があったという。郷氏は淡路国守護細川氏の支族。城は沼島の梶原氏に攻められ落城したが、江戸時代には城主の菩提（ぼだい）を弔う観音堂が築かれた。地元の方からは「郷殿はん」と呼ばれ、愛されていたようだ。山頂周辺には数段の曲輪（くるわ）が残り、小さな祠（ほこら）が立っている。

## 賀集城の腰城 <small>(かしゅうしろのこし)</small>

南あわじ市賀集

check!

### 立派な碑が建つ居館跡

　淳仁天皇淡路陵の南東約300メートルの道路脇に、比較的新しい「城ノ腰城跡」の碑が立っている。室町時代、この地の国人として文献に名が残る賀集氏の居館である。跡地を道路が分断している状態となっているが、周囲を見渡せば東や西に堀跡の名残を見ることができる。淡路島には「城の腰」の名称を持つ城が非常に多く、ここもその一つ。どこが「腰」なのかは不明だ。

---

## 志知城

南あわじ市志知

check!

### 内陸部にある水軍の城

　三原平野北西部に位置する「志知」交差点。南東の雑木林や竹林の中に、大きな水堀と曲輪（くるわ）が見える。志知城跡である。古くは鎌倉時代に菅和泉守道忠が築城したと伝わるが、現在残る城跡は天正13（1585）年に配された加藤嘉明が改修したものであろう。往時は、城の脇を流れる大日川を下って播磨灘へと出陣していく水軍を見送ったのだろうか。

## 叶堂城

南あわじ市松帆古津路

### 築城後すぐに消滅した水運の城

　倭文川、三原川、大日川など多くの川が集まる松帆古津路の地は水運の要所。慶長5（1600）年、石川紀伊守が代官として派遣され、河口付近に叶堂城を築城した。同年関ケ原の戦いに敗れたことにより廃城、跡地には元々この地にあった感応寺が再建された。昭和59（1984）年に河川拡幅工事によって同寺は300メートル東へ移動し、今は城跡の碑のみが残されている。

## 沼島城

南あわじ市沼島

### 国生みの島に築かれた城

　南あわじ市土生港から船で約10分で沼島に到着。港から約200メートルの距離にある蓮光寺が沼島城跡だ。古くは10世紀に武島秀之が、13世紀には梶原景行が居城としたという。その後、元和元（1615）年の廃城まで680年の間、海を見下ろしていたのだろうか。城の規模は不明だが、国生みの島、沼島にはさまざまな歴史と共に沼島城の記憶が刻まれている。

| 上田土居城 | 南あわじ市神代社家 | check!  |

## 主の呼称が伝わる居館跡

　神代社家地区の北端にあたる傾斜地の集落に、「上田殿」と呼ばれた養宜館主細川氏の一族が居住する館があった。おおむね東西100メートル、南北100メートルの範囲を土塁が囲んでいたようだが、今は民家や農地などが並び、すでに痕跡をたどるのは非常に困難だ。わずかに南側に土塁の一部が残るのみ。細川氏の滅亡後は三好氏家臣が在住したという。

| 養宜館 | 南あわじ市八木養宜中 | check!  |

## 淡路守護の巨大居館

　南北朝期から室町期にかけて淡路守護の座についていた細川氏。東西約120メートル、南北約250メートルの養宜館は、細川氏の居館と守護所を兼ねた長大な構えである。かなり破壊が進んでいるものの、当時の規模を想像するのに難くない。土塁と空堀で守られた以外に、どのような防御構造を持っていたのだろうか。周辺の地形を確認しながら細川氏のいた時代を考えたい。

| 鶴島城 | 南あわじ市福良 | check!  |

## 断崖の上に立つ城

　標高80メートルの鶴島は、福良港のある湾の北側からせり出すようだ。現在は道路や宿泊施設が建設されているが、かつて鶴島城があった場所で福良氏が居住したという。城跡の雰囲気を感じることは難しいものの、現在も東・西・南の三方が断崖となっており、その堅固ぶりは納得の立地。阿波との国境付近となる領地経営の困難さを想像しながら、徳島方面の海を眺めるのもいい。

---

| 湊城 | 南あわじ市湊里 | check!  |

## 戦闘態勢が残る平地の城

　湊小学校東方約50メートルの地に湊城があった。詳細は不明だが、戦国期に湊安宅（あたぎ）氏が居城していた。城の西側には空堀が残り、そこから東へ三段に分かれた構造だったようだ。上段に天守台と呼ばれる櫓（やぐら）台を有し、島内にある他の平地城館とは明らかに様相が異なる。現在は民家が立っているため散策は十分配慮しつつ、戦国期の城構えを堪能したい。

## 船越館

南あわじ市倭文庄田

### 田んぼの脇に残る城址碑

　淡路島には平地に築かれた館が多い。倭文庄田(しとおり)に築かれた船越館（庄田城とも）もその一つ。東西100メートル、南北70メートルほどの規模で東に倭文川が流れている。詳細は不明だが、船越氏が館を構えたのは古く、淡路国内の戦乱の中をしぶとく生き抜き、豊臣から徳川の世にまで続いたという。田んぼの脇に、庄田城跡を示す小さな石碑がたたずんでいる。

## 郡家城

淡路市中村

### 天守の存在にワクワクする城

　河合川と郡家川とに挟まれた丘陵上に郡家城があった。城主は淡路一宮の祭主家であった田村氏。舌状丘陵地上にある城跡は雑木林となり、痕跡があまり残っていないが、かつては「天守」と呼ばれていた場所だという。淡路島の城としては大変珍しい。天正10（1582）年に羽柴秀吉軍の侵攻によって落城したが、ここにどのような建物があったのか、興味は尽きない。

## 正井城　　淡路市浦

### 高台から見渡せる丘陵の城

　浦川が南へ大きなV字状に曲がった北方の丘陵上に、「城の土居」と呼ばれる正井城があった。城跡は宅地や農地となっており、遺構は消滅してしまったようだ。三角形状の曲輪(くるわ)は南北68メートル、東西45メートルの規模で南方への眺望が良く、物見としては適地と言える。室町時代に向井将監能平が居城していたというが、詳細は不明。まるで現在も城主が居住しているようだ。

## 松帆台場　　淡路市岩屋

### 明石海峡防備の要

　明石海峡を望む岩屋地区の沿岸部には、文久3(1863)年、幕府の命で徳島藩によって大砲を配備する台場が築造された。中でも松帆台場は、岩屋地区に築かれた台場の中で特に大きく、残存状態も素晴らしい。東西530メートル南北250メートルの規模の中に、M字状の土壇が残っているのは圧巻。沿岸防備にどれだけ有効だったのだろうか。海上を進む船を眺めながら。

## 岩屋城

淡路市岩屋

### 輝政が築いた姫路城の支城

　慶長15（1610）年、池田輝政は淡路国の治政と姫路との連携のため、岩屋に城を築いた。現在は周囲に民家が立ち並び、中心部への立ち入りはできない。うっそうとしたやぶも人の立ち入りを拒否しているかのようだ。同18年、輝政の三男忠雄が由良(ゆら)に新城を築く。岩屋城は破壊され、資材は由良へ運ばれたという。城の西側にある殿場坂の名称がわずかな名残だ。

## 備中館

淡路市生田畑

### 古井戸は大切な歴史資産

　周囲を高い山々に囲まれ、複雑に段丘が起伏する生田畑地区。田園地帯のこの地には室町時代、細川備中守尚輝（尚照とも）が城を構えていた。名を備中館という。生田小学校跡地の南方の一帯が城跡だが、それと分かる遺構はなく、備中井戸と呼ばれる古井戸だけが残されている。ただ、辺りには城に関する字名が多く、それを頼りに城跡散策ができるかも。

## column

# 〖国指定史跡〗

　兵庫県内にあるお城のうち、国の指定を受けた史跡がいくつかある。史跡指定された城が良い城で、未指定な城があまり良くない城だという意味ではないが、少なくとも国の指定を受けた史跡であるということは、日本の歴史を正しく理解するうえで欠かせない学術的価値をもつ重要なものであるという城である。整備され、見やすい状態になっている城であることが期待できるので、まずは国指定史跡のお城をめぐってみるというのもいいだろう。

　ちなみに、兵庫県は全国で国指定史跡の城が一番多い。国指定史跡をコンプリートしたら、県指定、次に各自治体指定の城をめぐってみると、何か違いが見えてくるかもしれない。

黒井城

▶掲載している城◀

姫路城、感状山城、白旗城、明石城、赤穂城、此隅山城、有子山城、洲本城、黒井城、西宮砲台、舞子台場、和田岬砲台、柏原藩陣屋、八木城、置塩城、竹田城、利神城、篠山城、八上城、松帆台場、有岡城、三木城及び付城跡・土塁（平井山ノ上付城、這田村法界寺ノ上付城、高木大塚城、高木大山付城、明石道峯構付城、小林八幡神社付城、シクノ谷峯構付城）

## 田村館　淡路市中村

### 郡家城主の館跡

　郡家城が築かれた城山の南西100メートルほどの距離に、田村氏の館があった。同氏の擁護を受けてきた妙京寺には、江戸時代に描かれた田村館の絵図が残っている。御土居と伝わる屋敷地は東西54メートル、南北63メートルの規模で、土塁や堀で周囲が巡らされていたようだ。現在はその痕跡はないが、妙京寺前の立派な「田村城主顕彰碑」に驚かされる。境内に田村氏の墓石がある。

## 蟇浦城（ひきのうら）　淡路市野島蟇浦

### 地形から城跡を知る

　県道31号が大きくカーブする地点の南方の高台に、蟇浦城があったという。残念ながら現在は宅地となっており、散策はできない。しかし、川が大きく蛇行し独立丘陵のような地形を見ると、いかにも城跡らしい場所だと知る。室町時代後期に三好元長の家臣蟇浦藤次常利（経利とも）が、段丘上に城を構えていたようだ。今は地形を見て想像するしかない、難易度の高い城だ。

# 柳沢城

淡路市柳沢

## 棚田に守られている城跡

　勝願寺の南方の高台に、大変美しい棚田の景色が広がっている。その棚田の頂上を「城」といい、柳沢城の本丸跡である。現在は小さな八王子権現社がまつられている。城は戦国時代末期に築城され、淡路の国人衆の柳沢氏が居城とした。本丸から南東約500メートル離れた山上には見張り台跡がある。眺望が素晴らしく、本丸よりも有名なビュースポットになっているようだ。

●参考文献

「ひょうごの城　新版」神戸新聞総合出版センター　2011
「ひょうごの城めぐり」神戸新聞総合出版センター　2018
「日本城郭体系」第十二巻　大阪・兵庫　新人物往来社　1981
「図説近畿中世城郭事典」城郭談話会　2004
「加古川市史」第二巻　加古川市　1994
「加古川市埋蔵文化財調査集報Ⅰ」加古川市教育委員会文化課　1983
「金鑵城遺跡　発掘調査報告書」小野市教育委員会　2015
「赤穂城攻略本」赤穂市教育委員会　2020
「三木城跡及び付城跡群総合調査報告書」三木市教育委員会　2010
「丹波篠山ロマン街道　戦国乱世の道マップ」丹波篠山市　2020
「史跡黒井城跡」兵庫県春日町　1993
「但馬竹田城」城郭談話会　2016
「豊岡市の城郭集成Ⅰ」豊岡市教育委員会　2012
「豊岡市の城郭集成Ⅱ」豊岡市教育委員会　2013
「香美町の城郭集成」香美町教育委員会　2015
「養父市城郭事典」養父市教育委員会　2021
「朝来市の城郭集成」朝来市歴史文化遺産活用推進協議会　2019
「淡路洲本城」城郭談話会　1995

# あとがき

　本書は、令和3（2021）年4月1日から翌年3月31日までの1年間、神戸新聞朝刊にて連載しておりました「ひょうごの城」をまとめたものになっています。

　思い起こせば、最初に「ひょうごの城」の企画をご相談をいただいた時はすごく軽い気持ちでお受けしました。
　というのもすでに県内のお城は長年の間、かなりの数をめぐっておりますし、単純に数だけで言えば2年分以上のストックはあることになります。
　そこから選択していけばいいだけだろうと完全に甘い見通しで連載がスタートしたのです。

　しかしそこからは毎日が苦労の連続でした。170文字という限られたスペースの中で、そのお城の魅力や特徴を表現しないといけないことがどれだけ難しいことだったか。
　またフリガナが必要な漢字があるとさらにその文字数は削られます。
　そして、いざ書こうとすると自分の記憶が20年前に訪れたものだったりすることが多く、とても書けたものじゃないなと愕然としたこと、さらに追い打ちをかけたのは手持ちの写真が古すぎて、現状はすっかり様子が変わってしまっているのではないかということでした。
　これはもう、一からめぐり直しをしないといけない、写真を撮り直さないといけないという厳しい現実に直面したので、いざ改めて城を訪れますと、確実に過去の自身の記憶と違っていることを実感しました。その中で思い知ったのは、地元の方によるお城の整備が人知れず行われていたということでした。草刈りはもちろんのこと、手書きやプリンタで印刷した紙を登山口に設置してお城の歴史を紹介してあったり、登る途中に小さな案内板があったり。
　あまり知られていないお城であっても、地元の方のお城愛によって今も

大切に守られていたのだということを知りました。
　たまに地元の方に出会うと「よく来てくれた」と感謝されるのですが、お礼を言いたいのは私のほうでした。
　「お城を綺麗にしてくださって本当にありがとうございます」と。

　ひょうごの歴史やかつてその地域に存在していた城跡を紹介する連載ではありましたが、次第に現在のお城の様子を紹介していきたいと強く思うようになりました。
　「兵庫県はお城県だ。」機会があるたびに私は勝手にそう申しているのですが、それは多種多様なタイプのお城や各時代のお城が非常に多く存在していることを表現していたのです。が、実はそんなお城県を支えていたのは、地元の方によるお城愛だったのだなということがよく分かりました。
　一年間とても大変な生活でしたが、実に充実した素晴らしい機会をいただけたことに改めて感謝したいと思います。

　そして、連載中に多くの方に応援いただいたり、感想を頂けたことが強い力となって、最後まで書き上げることができたと思います。

　本書がきっかけとなり、少しでも多くの方がひょうごの城を訪れていただき、地元の方のお城愛に触れていただけるようになれば幸いです。

# 索 引【五十音順】

## あ行

| | |
|---|---|
| 藍岡山城 | 137 |
| 英賀城 | 64 |
| 網掛城 | 180 |
| 明石城 | 8 |
| 明石道峯構付城 | 37 |
| 阿形城 | 30 |
| 赤松居館 | 107 |
| 赤穂城 | 99 |
| 朝倉城 | 162 |
| 芦屋城 | 175 |
| 愛宕山砦 | 201 |
| 阿那賀城 | 218 |
| 網干陣屋 | 69 |
| 尼崎城 | 118 |
| 尼子山城 | 96 |
| 荒井村構 | 24 |
| 荒木城 | 178 |
| 有岡城 | 125 |
| 有子山城 | 155 |
| 蟻無山 | 98 |
| 有安城 | 41 |
| 安志藩陣屋 | 67 |
| 伊賀谷城 | 152 |
| 五十波構 | 104 |
| 池尻城 | 33 |
| 磯部氏館 | 165 |
| 出石城 | 154 |
| 生田陣所 | 138 |
| 生野城 | 166 |
| 生野代官所 | 166 |
| 池谷城 | 60 |
| 石蜘蛛城 | 105 |
| 石野氏館 | 36 |
| 石弾城 | 14 |
| 石守構居 | 17 |
| 市原城 | 178 |
| 糸井陣屋 | 169 |
| 井ノ口城 | 17 |
| 稲田城 | 130 |
| 魚崎構居 | 25 |
| 今津砲台 | 119 |
| 岩戸神社城 | 202 |
| 岩尾城 | 191 |
| 岩屋城 | 225 |
| 上野構 | 70 |
| 内神城 | 133 |
| 有年山城 | 98 |
| 魚住城 | 10 |
| 牛居構居 | 54 |
| 魚吹津構 | 71 |
| 打出陣屋 | 124 |
| 宇野構 | 101 |
| 宅原城 | 144 |
| 枝吉城 | 59 |
| 淡河城 | 56 |
| 淡河城西付城 | 57 |
| 大木城 | 49 |
| 大蔵谷構居 | 9 |
| 大島城 | 88 |
| 大原城 | 133 |
| 大渕館 | 183 |
| 大屋の土塁 | 94 |
| 大山城 | 81 |
| 大山城 | 182 |
| 大藪陣屋 | 161 |
| 岡城 | 164 |
| 奥山刻印群 | 122 |
| 置塩城 | 64 |
| 尾島城 | 126 |
| 小田城 | 32 |
| 落葉山城 | 149 |
| 尾上構居 | 15 |
| 温泉城 | 176 |

## か行

| | |
|---|---|
| 柏原城 | 103 |
| 柏原陣屋 | 203 |
| 加古川城 | 13 |
| 香下城 | 132 |
| 賀集城の腰城 | 219 |
| 春日山城 | 86 |
| 霞台場 | 209 |
| 鹿集城 | 195 |
| 勝間城 | 208 |
| 門村構居 | 50 |
| 金山城 | 184 |
| 蟹ヶ坂構 | 10 |
| 叶堂城 | 220 |
| 金鑵城 | 28 |
| 鏑射山城 | 148 |
| 神木構居 | 20 |
| 紙屋屋敷 | 75 |
| 唐船台場 | 97 |
| 加里屋古城 | 100 |
| 河合城 | 28 |
| 河合館 | 33 |
| 川口御番所 | 23 |
| 川辺城 | 83 |
| 瓦林城 | 122 |
| 神吉城 | 16 |
| 感状山城 | 87 |
| 観音寺山砦 | 174 |
| 来住城 | 30 |
| 貴志城 | 131 |
| 岸の砦 | 125 |
| 北岡構 | 86 |
| 北脇構居 | 25 |
| 衣笠城 | 41 |
| 清富陣屋 | 176 |
| 草置城 | 101 |
| 倉見陣屋 | 158 |
| 栗山氏館 | 116 |
| 黒井城 | 197 |
| 黒田城 | 47 |
| 黒井城下館 | 196 |
| 郡家城 | 223 |
| 上田土居城 | 221 |
| 上月城 | 109 |
| 木器城 | 136 |
| 郷殿城 | 218 |
| 国府山城 | 69 |

| | | | | | | | |
|---|---|---|---|---|---|---|---|
| 恒屋城 | 66 | 下土井城 | 87 | 田村館 | 227 |
| 香山城 | 91 | 白巣城 | 208 | 段垣内構居 | 52 |
| 越水城 | 120 | 白鳥構 | 65 | 段ノ城 | 52 |
| 五社城居館 | 149 | 城山城 | 94 | 茶臼山城 | 96 |
| 御船役所 | 76 | 正法寺城 | 153 | 茶臼山城 | 145 |
| 小谷城 | 54 | 庄山城 | 77 | 茶臼山砦 | 204 |
| 光明寺城 | 46 | 新宮藩陣屋 | 91 | 茶すり山城 | 172 |
| 光明山城 | 89 | 真南条下館 | 179 | 中道子山城 | 21 |
| 光竜寺山城 | 51 | 諏訪城 | 164 | 長水城 | 105 |
| 国分寺構 | 65 | 瀬加山城 | 82 | 長見城 | 200 |
| 国領城 | 196 | 瀬戸奥面台場 | 158 | 塚口城 | 117 |
| 御着城 | 71 | 千丈寺砦 | 201 | 炬口台場 | 216 |
| 此隅山城 | 155 | 善坊山城(善防山城) | 55 | 鶉ヶ堂城 | 95 |
| 小浜城 | 126 | 惣山城 | 202 | 付城構居 | 78 |
| 小林八幡神社付城 | 38 | | | 伝台山城 | 92 |
| 小堀城 | 29 | **た行** | | 筒江城 | 170 |
| 小松原城 | 24 | 大物城 | 118 | 鶴城 | 154 |
| 古宮台場 | 11 | 大覚寺城 | 116 | 鶴居城 | 82 |
| 後谷城 | 205 | 平重盛之城 | 121 | 鶴島城 | 222 |
| | | 鷹尾城 | 124 | 鉄砲山砦 | 181 |
| **さ行** | | 高倉山城 | 112 | 天正寺城 | 57 |
| 細工所陣屋 | 21 | 高崎台場 | 215 | 天神鼻台場 | 66 |
| 西条城 | 15 | 高砂城 | 22 | 天神山城 | 22 |
| 坂本城 | 75 | 高砂向島台場 | 23 | 天神山城 | 113 |
| 坂越浦会所 | 97 | 高瀬氏屋敷 | 192 | 天通寺城 | 189 |
| 坂越浦城 | 95 | 高田向山城 | 170 | 天満氏館 | 165 |
| 篠ノ丸城 | 100 | 高木大塚城 | 36 | 堂山城 | 182 |
| 楽々前城 | 159 | 高木大山付城 | 37 | 殿城 | 172 |
| 篠山城 | 190 | 高見城 | 206 | 殿原城 | 45 |
| 佐用城 | 108 | 高山城 | 109 | 殿屋敷 | 162 |
| 沢田城 | 183 | 滝山城 | 139 | 富松城 | 119 |
| 三田陣屋 | 128 | 炬口城 | 216 | 豊地城 | 31 |
| 白旗城 | 106 | 竹田城 | 167 | 豊岡城 | 152 |
| 白山城 | 73 | 高生田城 | 171 | 豊岡陣屋 | 153 |
| 洲本城(下の城) | 209 | 多田銀銅山代官所 | 127 | 留堀城 | 193 |
| 洲本城(上の城) | 210 | 龍野古城 | 90 | | |
| 志方城 | 20 | 龍野城 | 90 | **な行** | |
| 敷地陣屋 | 31 | 立石城 | 132 | 内藤氏屋敷 | 55 |
| シクノ谷峯構付城 | 38 | 立脇城 | 168 | 内場山城 | 185 |
| 志知城 | 219 | 谷城 | 83 | 長砂構居 | 12 |
| 飾磨台場 | 72 | 玉巻城 | 192 | 中津構居 | 13 |
| 下井沢城 | 130 | 玉見城 | 160 | 中村構居 | 73 |
| 下津橋城 | 59 | 楯岩城 | 106 | 中村城 | 157 |

| | | |
|---|---|---|
| 中山城 | 93 | |
| 七松城 | 117 | |
| 那波浦城 | 89 | |
| 仁位山城 | 107 | |
| 丹生山城 | 143 | |
| 苦瓜城 | 77 | |
| 西谷館 | 181 | |
| 西宮砲台 | 121 | |
| 西脇城 | 48 | |
| 沼島城 | 220 | |
| 野口城 | 11 | |
| 野谷城 | 161 | |
| 野間砦 | 191 | |
| 野間山城 | 51 | |
| 野村構居 | 48 | |
| 野村城 | 195 | |
| 野村城 | 16 | |

## は行

| | | |
|---|---|---|
| 波賀城 | 102 | |
| 芳賀野城 | 168 | |
| 萩原城 | 58 | |
| 端谷城 | 60 | |
| 葉多城 | 32 | |
| 須賀代官屋敷 | 104 | |
| 八幡山城 | 204 | |
| 初田館 | 179 | |
| 花隈城 | 138 | |
| 林田藩陣屋 | 67 | |
| 番城山城 | 79 | |
| 土田陣屋 | 171 | |
| 般若寺城 | 188 | |
| 這田村法界寺山ノ上付城 | 35 | |
| 比延山城 | 49 | |
| 墓浦城 | 227 | |
| 聖山城 | 102 | |
| 備中館 | 225 | |
| 姫路城 | 80 | |
| 樋山陣 | 76 | |
| 兵庫勤番所 | 142 | |
| 兵庫城 | 142 | |
| 平井山ノ上付城 | 34 | |

| | | |
|---|---|---|
| 平野城 | 140 | |
| 平福陣屋 | 113 | |
| 福泊台場 | 79 | |
| 福本藩陣屋 | 81 | |
| 福中城 | 58 | |
| 福西城 | 175 | |
| 船上城 | 9 | |
| 船越城 | 223 | |
| 古大内城 | 12 | |
| 風呂ケ谷城 | 128 | |
| 法道寺城 | 169 | |
| 細川館 | 44 | |
| 母坪城 | 205 | |
| 堀井城 | 29 | |

## ま行

| | | |
|---|---|---|
| 舞子台場 | 61 | |
| 前田主膳屋敷 | 188 | |
| 曲り城 | 136 | |
| 満久城 | 53 | |
| 正井城 | 224 | |
| 松岡城 | 137 | |
| 松原城 | 145 | |
| 松帆台場 | 224 | |
| 摩耶山城 | 140 | |
| 丸山城 | 120 | |
| 的形城 | 72 | |
| 三日月藩陣屋 | 108 | |
| 三木城 | 35 | |
| 三木陣屋 | 44 | |
| 三木城鷹尾山城 | 40 | |
| 三草藩陣屋 | 45 | |
| 三草山城 | 46 | |
| 水上代官所（陣屋） | 160 | |
| 溝口城 | 131 | |
| 三津田城 | 40 | |
| 三開山城 | 159 | |
| 南山田城 | 70 | |
| 湊城 | 222 | |
| 湊川崎砲台 | 139 | |
| 湊川陣所 | 141 | |
| 箕谷城 | 144 | |
| 蟲生城 | 50 | |

| | | |
|---|---|---|
| 村岡陣屋 | 174 | |
| 室津台場 | 92 | |
| 室山城 | 93 | |
| 目高の築地 | 112 | |
| 籾井城 | 189 | |

## や行

| | | |
|---|---|---|
| 八百里城 | 180 | |
| 八上城 | 185 | |
| 八木城 | 163 | |
| 屋口城 | 34 | |
| 養宜館 | 221 | |
| 安良城 | 157 | |
| 安田構居 | 14 | |
| 矢筈山城 | 47 | |
| 柳沢城 | 228 | |
| 山垣城 | 203 | |
| 山崎城／山崎陣屋 | 103 | |
| 山崎構居 | 78 | |
| 山下城 | 53 | |
| 山下城 | 127 | |
| 雪見御所 | 141 | |
| 湯山御殿 | 148 | |
| 由良城 | 214 | |
| 横倉城 | 56 | |
| 淀山城 | 184 | |

## ら行

| | | |
|---|---|---|
| 利神城 | 114 | |
| 龍ヶ鼻砦 | 200 | |
| 六本松台場 | 214 | |

## わ行

| | | |
|---|---|---|
| 若狭野陣屋 | 88 | |
| 和田代官所 | 193 | |
| 和田岬砲台 | 143 | |

# 索　引【市町別】

## あ行

**相生市**
| | | |
|---|---|---|
| 相生市 | 那波浦城 | 89 |
| 相生市那波大浜町 | 大島城 | 88 |
| 相生市陸 | 光明山城 | 89 |
| 相生市矢野町 | 感状山城 | 87 |
| 相生市若狭野町 | 下土井城 | 87 |
| 相生市若狭野町 | 若狭野陣屋 | 88 |

**明石市**
| | | |
|---|---|---|
| 明石市明石公園 | 明石城 | 8 |
| 明石市大久保町 | 魚住城 | 10 |
| 明石市大蔵本町 | 大蔵谷構居 | 9 |
| 明石市新明町 | 船上城 | 9 |
| 明石市和坂 | 蟹ヶ坂構 | 10 |

**赤穂市**
| | | |
|---|---|---|
| 赤穂市有年原 | 蟻無山 | 98 |
| 赤穂市有年横尾 | 鵯ヶ堂城 | 95 |
| 赤穂市上仮屋 | 赤穂城 | 99 |
| 赤穂市加里屋 | 加里屋古城 | 100 |
| 赤穂市高野 | 尼子山城 | 96 |
| 赤穂市坂越 | 坂越浦城 | 95 |
| 赤穂市坂越 | 茶臼山城 | 96 |
| 赤穂市坂越 | 坂越浦会所 | 97 |
| 赤穂市東有年 | 有年山城 | 98 |
| 赤穂市御崎 | 唐船台場 | 97 |

**朝来市**
| | | |
|---|---|---|
| 朝来市生野町 | 生野代官所 | 166 |
| 朝来市生野町 | 生野城 | 166 |
| 朝来市岡 | 岡城 | 164 |
| 朝来市山東町 | 諏訪城 | 164 |
| 朝来市山東町 | 磯部氏館 | 165 |
| 朝来市山東町 | 天満氏館 | 165 |
| 朝来市竹田 | 竹田城 | 167 |
| 朝来市立脇 | 立脇城 | 168 |
| 朝来市和田山町 | 芳賀野城 | 168 |
| 朝来市和田山町 | 法道寺城 | 169 |
| 朝来市和田山町 | 糸井陣屋 | 169 |
| 朝来市和田山町 | 高田向山城 | 170 |
| 朝来市和田山町 | 筒江城 | 170 |
| 朝来市和田山町 | 土田陣屋 | 171 |
| 朝来市和田山町 | 高生田城 | 171 |
| 朝来市和田山町 | 茶すり山城 | 172 |
| 朝来市和田山町 | 殿城 | 172 |
| 朝来市和田山町 | 観音寺山砦 | 174 |

**芦屋市**
| | | |
|---|---|---|
| 芦屋市奥山、剣谷 | 奥山刻印群 | 122 |
| 芦屋市城山 | 鷹尾城 | 124 |
| 芦屋市翠ケ丘町 | 打出陣屋 | 124 |

**尼崎市**
| | | |
|---|---|---|
| 尼崎市栗山町 | 栗山氏館 | 116 |
| 尼崎市塚口本町 | 塚口城 | 117 |
| 尼崎市寺町 | 大覚寺城 | 116 |
| 尼崎市富松町 | 富松城 | 119 |
| 尼崎市七松町 | 七松城 | 117 |
| 尼崎市東大物町 | 大物城 | 118 |
| 尼崎市南城内、北城内 | 尼崎城 | 118 |

**淡路市**
| | | |
|---|---|---|
| 淡路市生田畑 | 備中館 | 225 |
| 淡路市岩屋 | 松帆台場 | 224 |
| 淡路市岩屋 | 岩屋城 | 225 |
| 淡路市浦 | 正井城 | 224 |
| 淡路市中村 | 郡家城 | 223 |
| 淡路市中村 | 田村館 | 227 |
| 淡路市野島蟇浦 | 蟇浦城 | 227 |
| 淡路市柳沢 | 柳沢城 | 228 |

**伊丹市**
| | | |
|---|---|---|
| 伊丹市伊丹 | 有岡城 | 125 |
| 伊丹市宮ノ前 | 岸の砦 | 125 |

**市川町**
| | | |
|---|---|---|
| 市川町上瀬加 | 瀬加山城 | 82 |
| 市川町谷 | 谷城 | 83 |
| 市川町鶴居 | 鶴居城 | 82 |
| 市川町東川辺 | 川辺城 | 83 |
| 市川町屋形 | 北岡構 | 86 |

**猪名川町**
| | | |
|---|---|---|
| 猪名川町銀山 | 多田銀銅山代官所 | 127 |

**小野市**
| | | |
|---|---|---|
| 小野市来住町 | 来住城 | 30 |

| | | | | | | |
|---|---|---|---|---|---|---|
| 小野市粟生町 | 河合館 | 33 | | 加東市上三草、畑 | 三草山城 | 46 |
| 小野市阿形町 | 阿形城 | 30 | | 加東市光明寺 | 光明寺城 | 46 |
| 小野市池尻町 | 池尻城 | 33 | | **神河町** | | |
| 小野市河合中町 | 小堀城 | 29 | | 神河町大山 | 大山城 | 81 |
| 小野市河合西町 | 堀井城 | 29 | | 神河町福本 | 福本藩陣屋 | 81 |
| 小野市敷地町 | 敷地陣屋 | 31 | | **上郡町** | | |
| 小野市昭和町 | 金鑵城 | 28 | | 上郡町赤松 | 赤松居館 | 107 |
| 小野市新部町 | 河合城 | 28 | | 上郡町赤松 | 白旗城 | 106 |
| 小野市中谷町 | 豊地城 | 31 | | **香美町** | | |
| 小野市中谷町 | 屋口城 | 34 | | 香美町村岡区村岡 | 村岡陣屋 | 174 |
| 小野市葉多町 | 葉多城 | 32 | | 香美町村岡区村岡 | 福西城 | 175 |
| 小野市船木町 | 小田城 | 32 | | **川西市** | | |

## か行

### 加古川市

| | | | | | | |
|---|---|---|---|---|---|---|
| 加古川市尾上町 | 安田構居 | 14 | | 川西市山下 | 山下城 | 127 |
| 加古川市尾上町 | 尾上構居 | 15 | | **神戸市** | | |
| 加古川市加古川町 | 加古川城 | 13 | | 神戸市北区有馬町 | 湯山御殿 | 148 |
| 加古川市加古川町 | 中津構居 | 13 | | 神戸市北区有馬町 | 落葉山城 | 149 |
| 加古川市加古川町 | 石弾城 | 14 | | 神戸市北区有馬町 | 五社城居館 | 149 |
| 加古川市上荘町 | 井ノ口城 | 17 | | 神戸市北区淡河町 | 淡河城 | 56 |
| 加古川市神野町 | 石守構居 | 17 | | 神戸市北区淡河町 | 天正寺城 | 57 |
| 加古川市志方町 | 志方城 | 20 | | 神戸市北区淡河町 | 淡河城西付城 | 57 |
| 加古川市志方町 | 中道子山城 | 21 | | 神戸市北区淡河町 | 萩原城 | 58 |
| 加古川市志方町 | 細工所陣屋 | 21 | | 神戸市北区上津台 | 茶臼山城 | 145 |
| 加古川市志方町西飯坂 | 天神山城 | 22 | | 神戸市北区鹿の子北町 | 宅原城 | 144 |
| 加古川市野口町 | 野口城 | 11 | | 神戸市北区道場町 | 松原城 | 145 |
| 加古川市野口町 | 長砂構居 | 12 | | 神戸市北区道場町 | 鏑射山城 | 148 |
| 加古川市野口町 | 古大内城 | 12 | | 神戸市北区松が枝町 | 箕谷城 | 144 |
| 加古川市東神吉町 | 神吉城 | 16 | | 神戸市北区山田町 | 丹生山城 | 143 |
| 加古川市平岡町 | 横倉城 | 56 | | 神戸市須磨区大手町 | 松岡城 | 137 |
| 加古川市八幡町 | 西条城 | 15 | | 神戸市垂水区 | 舞子台場 | 61 |
| 加古川市八幡町 | 野村城 | 16 | | 神戸市中央区下山手通 | 生田陣所 | 138 |
| 加古川市平荘町 | 神木構居 | 20 | | 神戸市中央区花隈町 | 花隈城 | 138 |

### 加西市

| | | | | | | |
|---|---|---|---|---|---|---|
| 加西市和泉町 | 満久城 | 53 | | 神戸市中央区茸合町 | 滝山城 | 139 |
| 加西市牛居町 | 牛居構居 | 54 | | 神戸市中央区東川崎町 | 湊川崎砲台 | 139 |
| 加西市笹倉町 | 殿原城 | 45 | | 神戸市灘区上野 | 摩耶山城 | 140 |
| 加西市戸田井町、三口町 | 善坊山城（善防山城） | 55 | | 神戸市西区枝吉 | 枝吉城 | 59 |
| 加西市北条町 | 小谷城 | 54 | | 神戸市西区玉津町 | 下津橋城 | 59 |
| 加西市満久町 | 内藤氏屋敷 | 55 | | 神戸市西区櫨谷町 | 端谷城 | 60 |
| 加西市山下町 | 山下城 | 53 | | 神戸市西区櫨谷町 | 池谷城 | 60 |
| | | | | 神戸市西区平野町 | 福中城 | 58 |

### 加東市

| | | | | | | |
|---|---|---|---|---|---|---|
| 加東市上三草 | 三草藩陣屋 | 45 | | 神戸市東灘区御影山手 | 平野城 | 140 |
| | | | | 神戸市兵庫区会下山町 | 湊川陣所 | 141 |

| | | | | | | |
|---|---|---|---|---|---|---|
| 神戸市兵庫区雪御所町、湊山町 | 雪見御所 | 141 | | 宍粟市山崎町 | 長水城 | 105 |
| 神戸市兵庫区中之島 | 兵庫城 | 142 | | **新温泉町** | | |
| 神戸市兵庫区中之島 | 兵庫勤番所 | 142 | | 新温泉町芦屋 | 芦屋城 | 175 |
| 神戸市兵庫区和田崎町 | 和田岬砲台 | 143 | | 新温泉町清富 | 清富陣屋 | 176 |
| | | | | 新温泉町湯 | 温泉城 | 176 |

## さ行

### 佐用町

| | | |
|---|---|---|
| 佐用町上本郷 | 天神山城 | 113 |
| 佐用町佐用 | 佐用城 | 108 |
| 佐用町櫛田、多賀、山脇 | 高倉山城 | 112 |
| 佐用町仁位 | 仁位山城 | 107 |
| 佐用町平福 | 平福陣屋 | 113 |
| 佐用町平福 | 利神城 | 114 |
| 佐用町三日月 | 三日月藩陣屋 | 108 |
| 佐用町目高 | 目高の築地 | 112 |
| 佐用町横坂 | 高山城 | 109 |
| 佐用町寄延 | 上月城 | 109 |

### 三田市

| | | |
|---|---|---|
| 三田市藍本 | 曲り城 | 136 |
| 三田市藍本 | 藍岡山城 | 137 |
| 三田市大原 | 大原城 | 133 |
| 三田市貴志 | 貴志城 | 131 |
| 三田市けやき台 | 風呂ケ谷城 | 128 |
| 三田市香下 | 香下城 | 132 |
| 三田市木器 | 木器城 | 136 |
| 三田市下井沢 | 下井沢城 | 130 |
| 三田市下深田 | 稲田城 | 130 |
| 三田市下相野、テクノパーク | 溝口城 | 131 |
| 三田市寺村町 | 立石城 | 132 |
| 三田市中内神 | 内神城 | 133 |
| 三田市屋敷町 | 三田陣屋 | 128 |

### 宍粟市

| | | |
|---|---|---|
| 宍粟市一宮町 | 草置城 | 101 |
| 宍粟市波賀町 | 波賀城 | 102 |
| 宍粟市山崎町 | 篠ノ丸城 | 100 |
| 宍粟市山崎町 | 宇野構 | 101 |
| 宍粟市山崎町 | 聖山城 | 102 |
| 宍粟市山崎町 | 柏原城 | 103 |
| 宍粟市山崎町 | 山崎城／山崎陣屋 | 103 |
| 宍粟市山崎町 | 五十波構 | 104 |
| 宍粟市山崎町 | 須賀代官屋敷 | 104 |

### 洲本市

| | | |
|---|---|---|
| 洲本市五色町 | 白巣城 | 208 |
| 洲本市大浜海岸 | 霞台場 | 209 |
| 洲本市小路谷 | 洲本城（上の城） | 210 |
| 洲本市金屋 | 勝間城 | 208 |
| 洲本市炬口 | 炬口台場 | 216 |
| 洲本市炬口 | 炬口城 | 216 |
| 洲本市山手 | 洲本城（下の城） | 209 |
| 洲本市由良町 | 六本松台場 | 214 |
| 洲本市由良町 | 由良城 | 214 |
| 洲本市由良町 | 高崎台場 | 215 |

## た行

### 太子町

| | | |
|---|---|---|
| 太子町立岡山 | 石蜘蛛城 | 105 |
| 太子町上太田 | 楯岩城 | 106 |

### 高砂市

| | | |
|---|---|---|
| 高砂市荒井 | 荒井村構 | 24 |
| 高砂市北浜町 | 北脇構居 | 25 |
| 高砂市南浜町 | 川口御番所 | 23 |
| 高砂市荒井町 | 小松原城 | 24 |
| 高砂市高砂町 | 高砂城 | 22 |
| 高砂市高砂町 | 高砂向島台場 | 23 |
| 高砂市竜山、米田町 | 魚崎構居 | 25 |

### 多可町

| | | |
|---|---|---|
| 多可町加美区門村 | 門村構居 | 50 |
| 多可町八千代区中野間 | 光竜寺山城 | 51 |
| 多可町八千代区中野間 | 野間山城 | 51 |
| 多可町中区門前 | 段垣内構居 | 52 |
| 多可町中区、加美区 | 段ノ城 | 52 |

### 宝塚市

| | | |
|---|---|---|
| 宝塚市小浜 | 小浜城 | 126 |
| 宝塚市波豆 | 尾島城 | 126 |

| | | | | | | |
|---|---|---|---|---|---|---|
| **たつの市** | | | 丹波篠山市追入 | | | |
| たつの市揖西町、新宮町 | 城山城 | 94 | 丹波市柏原町、氷上町 | 母坪城 | 205 |
| | | | 丹波市春日町 | 野村城 | 195 |
| たつの市揖保川町浦部、袋尻 | 伝台山城 | 92 | 丹波市春日町 | 国領城 | 196 |
| | | | 丹波市春日町 | 黒井城下館 | 196 |
| たつの市新宮町 | 香山城 | 91 | 丹波市春日町 | 黒井城 | 197 |
| たつの市新宮町 | 新宮藩陣屋 | 91 | 丹波市春日町 | 龍ヶ鼻砦 | 200 |
| たつの市新宮町大屋 | 大屋の土塁 | 94 | 丹波市春日町 | 長見城 | 200 |
| たつの市新宮町善定 | 中山城 | 93 | 丹波市春日町 | 千丈寺砦 | 201 |
| たつの市龍野町 | 龍野城 | 90 | 丹波市春日町 | 愛宕山砦 | 201 |
| たつの市龍野町 | 龍野古城 | 90 | 丹波市春日町 | 岩戸神社城 | 202 |
| たつの市御津町 | 室山城 | 93 | 丹波市春日町 | 惣山城 | 202 |
| たつの市御津町室津 | 室津台場 | 92 | 丹波市山南町 | 岩尾城 | 191 |
| | | | 丹波市山南町 | 玉巻城 | 192 |
| **丹波篠山市** | | | 丹波市山南町 | 高瀬氏屋敷 | 192 |
| 丹波篠山市泉 | 鉄砲山砦 | 181 | 丹波市山南町和田 | 和田代官所 | 193 |
| 丹波篠山市追入、丹波市柏原町 | 金山城 | 184 | 丹波市氷上町 | 後谷城 | 205 |
| | | | 丹波市氷上町、丹波市柏原町 | 高見城 | 206 |
| 丹波篠山市大渕 | 大渕館 | 183 | | | |
| 丹波篠山市大山下 | 大山城 | 182 | **豊岡市** | | |
| 丹波篠山市北新町 | 篠山城 | 190 | 豊岡市伊賀谷 | 伊賀谷城 | 152 |
| 丹波篠山市今田町 | 市原城 | 178 | 豊岡市出石町 | 出石城 | 154 |
| 丹波篠山市細工所 | 荒木城 | 178 | 豊岡市出石町 | 有子山城 | 155 |
| 丹波篠山市沢田 | 沢田城 | 183 | 豊岡市出石町 | 此隅山城 | 155 |
| 丹波篠山市瀬利 | 八百里城 | 180 | 豊岡市出石町 | 安良城 | 157 |
| 丹波篠山市曽地口 | 堂山城 | 182 | 豊岡市出石町 | 中村城 | 157 |
| 丹波篠山市辻 | 淀山城 | 184 | 豊岡市上ノ谷、山本 | 鶴城 | 154 |
| 丹波篠山市西谷 | 西谷館 | 181 | 豊岡市京町 | 豊岡城 | 152 |
| 丹波篠山市野間 | 野間砦 | 191 | 豊岡市京町 | 豊岡陣屋 | 153 |
| 丹波篠山市初田 | 初田館 | 179 | 豊岡市倉見 | 倉見陣屋 | 158 |
| 丹波篠山市東木之部 | 内場山城 | 185 | 豊岡市山王町 | 正法寺城 | 153 |
| 丹波篠山市吹新 | 網掛城 | 180 | 豊岡市瀬戸 | 瀬戸奥面台場 | 158 |
| 丹波篠山市福住 | 籾井城 | 189 | 豊岡市駄坂、他 | 三開山城 | 159 |
| 丹波篠山市般若寺 | 般若寺城 | 188 | 豊岡市日高町 | 楽々前城 | 159 |
| 丹波篠山市般若寺 | 天通寺城 | 189 | 豊岡市日高町 | 水上代官所(陣屋) | 160 |
| 丹波篠山市真南条下 | 真南条下館 | 179 | | | |
| 丹波篠山市八上 | 八上城 | 185 | **な行** | | |
| 丹波篠山市八上 | 前田主膳屋敷 | 188 | **西宮市** | | |
| | | | 西宮市今津真砂町 | 今津砲台 | 119 |
| **丹波市** | | | 西宮市小松南町 | 平重盛之城 | 121 |
| 丹波市青垣町 | 山垣城 | 203 | 西宮市桜谷町 | 越水城 | 120 |
| 丹波市市島町 | 留堀城 | 193 | 西宮市西波止町 | 西宮砲台 | 121 |
| 丹波市市島町 | 鹿集城 | 195 | 西宮市日野町 | 瓦林城 | 122 |
| 丹波市柏原町 | 柏原陣屋 | 203 | 西宮市山口町 | 丸山城 | 120 |
| 丹波市柏原町 | 八幡山城 | 204 | | | |
| 丹波市柏原町 | 茶臼山砦 | 204 | | | |
| 丹波市柏原町、 | 金山城 | 184 | | | |

## 西脇市

| | | |
|---|---|---|
| 西脇市上野 | 西脇城 | 48 |
| 西脇市大木町 | 大木城 | 49 |
| 西脇市黒田庄町 | 黒田城 | 47 |
| 西脇市黒田庄町 | 蟲生城 | 50 |
| 西脇市高田井町 | 矢筈山城 | 47 |
| 西脇市野村町 | 野村構居 | 48 |
| 西脇市比延町 | 比延山城 | 49 |

## は行

### 播磨町

| | | |
|---|---|---|
| 播磨町古宮 | 古宮台場 | 11 |

### 姫路市

| | | |
|---|---|---|
| 姫路市網干区 | 網干陣屋 | 69 |
| 姫路市網干区宮内 | 魚吹津構 | 71 |
| 姫路市家島町 | 天神鼻台場 | 66 |
| 姫路市家島町 | 苦瓜城 | 77 |
| 姫路市香寺町 | 恒屋城 | 66 |
| 姫路市香寺町須加院 | 紙屋屋敷 | 75 |
| 姫路市香寺町中村 | 中村構居 | 73 |
| 姫路市実法寺 | 白鳥構 | 65 |
| 姫路市書写 | 白山城 | 73 |
| 姫路市書写 | 坂本城 | 75 |
| 姫路市飾東町 | 庄山城 | 77 |
| 姫路市飾磨区玉地 | 御船役所 | 76 |
| 姫路市飾磨区妻鹿 | 国府山城 | 69 |
| 姫路市飾磨区山崎 | 山崎構居 | 78 |
| 姫路市飾磨区須加 | 飾磨台場 | 72 |
| 姫路市飾磨区中浜町 | 英賀城 | 64 |
| 姫路市飾磨区付城 | 付城構居 | 78 |
| 姫路市林田町 | 林田藩陣屋 | 67 |
| 姫路市船津町 | 上野構 | 70 |
| 姫路市本町 | 姫路城 | 80 |
| 姫路市的形町 | 的形城 | 72 |
| 姫路市的形町 | 福泊台場 | 79 |
| 姫路市御国野町 | 御着城 | 71 |
| 姫路市御国野町 | 樋山陣 | 76 |
| 姫路市御国野町 | 国分寺構 | 65 |
| 姫路市安富町 | 安志藩陣屋 | 67 |
| 姫路市山田町 | 南山田城 | 70 |
| 姫路市夢前町 | 置塩城 | 64 |
| 姫路市夢前町 | 番城山城 | 79 |

### 福崎町

| | | |
|---|---|---|
| 福崎町八千種 | 春日山城 | 86 |

## ま行

### 三木市

| | | |
|---|---|---|
| 三木市上の丸町 | 三木城 | 35 |
| 三木市口吉川町 | 衣笠城 | 41 |
| 三木市志染町 | 三津田城 | 40 |
| 三木市福井 | 明石道峯構付城 | 37 |
| 三木市福井 | 三木城鷹尾山城 | 40 |
| 三木市福井、別所町 | シクノ谷峯構付城 | 38 |
| 三木市平井 | 平井山ノ上付城 | 34 |
| 三木市別所町 | 這田村法界寺山ノ上付城 | 35 |
| 三木市別所町 | 高木大塚城 | 36 |
| 三木市別所町 | 石野氏館 | 36 |
| 三木市別所町 | 高木大山付城 | 37 |
| 三木市別所町 | 小林八幡神社付城 | 38 |
| 三木市細川町 | 細川館 | 44 |
| 三木市本町 | 三木陣屋 | 44 |
| 三木市吉川町 | 有安城 | 41 |

### 南あわじ市

| | | |
|---|---|---|
| 南あわじ市阿那賀 | 阿那賀城 | 218 |
| 南あわじ市阿万塩屋町 | 郷殿城 | 218 |
| 南あわじ市賀集 | 賀集城の腰城 | 219 |
| 南あわじ市志知 | 志知城 | 219 |
| 南あわじ市倭文庄田 | 船越館 | 223 |
| 南あわじ市神代社家 | 上田土居城 | 221 |
| 南あわじ市沼島 | 沼島城 | 220 |
| 南あわじ市福良 | 鶴島城 | 222 |
| 南あわじ市松帆古津路 | 叶堂城 | 220 |
| 南あわじ市湊里 | 湊城 | 222 |
| 南あわじ市八木養宜中 | 養宜館 | 221 |

## や行

### 養父市

| | | |
|---|---|---|
| 養父市大藪 | 大藪陣屋 | 161 |
| 養父市玉見 | 玉見城 | 160 |
| 養父市長野 | 野谷城 | 161 |
| 養父市八鹿町 | 朝倉城 | 162 |
| 養父市八鹿町 | 殿屋敷 | 162 |
| 養父市八鹿町 | 八木城 | 163 |

## 兵庫の城　353選

2025年1月15日　初版第1刷発行

著　者　本岡勇一(もとおかゆういち)
発行者　金元昌弘
発行所　神戸新聞総合出版センター
　　　　〒650-0044　神戸市中央区東川崎町1-5-7
　　　　TEL 078-362-7140／FAX 078-361-7552
　　　　URL:https://kobe-yomitai.jp/

印刷所　株式会社 神戸新聞総合印刷

©2025.Yuichi Motooka　Printed in Japan
乱丁・落丁本はお取替えいたします。
ISBN978-4-343-01251-7 C0021